AGATHA
CHRISTIE

AGATHA CHRISTIE

Un espíritu libre que
se convirtió en la autora
más leída del mundo

María Romero

RBA

© del texto: María Romero Gutiérrez de Tena, 2019.
© de las fotografías: Age Fotostock: 12, 125b; Alamy/Cordon Press: 101, 118, 137b; Getty Images: 125a, 156, 183; Photoaisa: 77; The Christie Archive Trust: 21, 33a, 48, 59, 82, 93, 149; Wikimedia Commons: 33b, 111, 137a, 163.

Diseño cubierta: Elsa Suárez Girard.
Diseño interior: Tactilestudio.

© RBA Coleccionables, S.A.U., 2019.
© de esta edición: RBA Libros, S.A., 2019.
Avda. Diagonal, 189 - 08018 Barcelona.
rbalibros.com

Primera edición: junio de 2019.

REF.: ONFI266
ISBN: 978-84-9187-189-7
DEPÓSITO LEGAL: B.9.697-2019

Realización: Editec.

Impreso en España · *Printed in Spain*

CONTENIDO

PRÓLOGO

Leer la historia de la vida de Agatha Christie es el equivalente a pasar las páginas de una increíble novela de aventuras. Las hazañas literarias de la mujer que pasó a la posteridad como referente inequívoco de las novelas policíacas son ampliamente conocidas. Con su prosa atemporal, audaz y entretenida logró conquistar al público durante las más de cinco décadas en las que se mantuvo activa, convirtiéndose en un tiempo récord en la autora más traducida del mundo, por delante de dos de sus ídolos literarios de la infancia: William Shakespeare y Julio Verne. Sin embargo, su faceta como exitosa autora de misterio eclipsó muchas otras dimensiones de una mujer polifacética que, movida por su vitalidad, se lanzó sin complejos a conquistar con entusiasmo todos y cada uno de los intereses con los que se cruzó a lo largo de sus ochenta y seis años de vida.

Educada en los valores victorianos que compartió durante la infancia con su madre, Agatha creció en el seno de una familia acomodada que le proporcionó una inusual educación por la que estuvo agradecida toda su vida. Tras la muerte de su padre, creció rodeada de mujeres fuertes junto a las que aprendió una lección que convirtió en una directriz vital inquebrantable: la mejor forma de aprender es sintonizar con aquello que resulte más atractivo y ponerlo en práctica, experimentarlo en primera persona. Hacer las cosas, en lugar de teorizar sobre ellas.

Con este principio en mente, Agatha se sumergió a fondo en todas las disciplinas que la atraían, llegando a dominar actividades tan diversas como el piano y el canto, la fotografía, la química, el surf o la cerámica prehistórica. Del mismo modo que trabajó a conciencia para dominarlas, fue capaz de renunciar a algunas de ellas con una gran serenidad cuando los inesperados giros de la vida así se lo requirieron.

Movida por su insaciable apetito por descubrir nuevos mundos, viajar se convirtió en una de sus más grandes pasiones. Desde que la autora pisó suelo extranjero de adolescente, cuando su madre la envió a París para que completara su formación, Agatha supo que no podían contenerla más límites que los de la propia Tierra. Su casa era ella misma, por lo que prácticamente no pasó ni un año entero en el mismo lugar. Melbourne, Bagdad, El Cairo, Wellington... Agatha logró pisar los cinco continentes mucho antes de que el avión se convirtiera en el método de transporte habitual. Prefirió siempre el tren, y, arriesgada y determinada en todas sus decisiones, montó en el Orient Express para cruzar Europa y Asia sin más compañía que la de su máquina de escribir, ávida de conocer otras culturas y dejar atrás el Imperio británico que teñía medio mundo de aburrida cotidianidad.

Pese a que su éxito como escritora empezó resultar evidente cuando rondaba los treinta años, Agatha no se consideró a ella misma como tal hasta mucho tiempo después. Empezó a escribir como respuesta a un reto, como una afición que le permitía encajar las piezas de un enrevesado acertijo en sus ingeniosas tramas. Sin embargo, para ella tener éxito no equivalía a dedicar hasta la última gota de energía a esa actividad que eventualmente se convirtió en su profesión, sino a jugar bien las cartas para gozar de los placeres de la vida, como la gastronomía, las conversaciones inteligentes, el buen sentido del humor, ver crecer a su hija o los largos recorridos a bordo del Orient Express. Agatha vivió con una intensidad plena todos los instantes de su vida. Esta celebración de la cotidianidad le abrió camino a una existencia dichosa en la que el gozo de vivir fue el compás que le permitió encontrar siempre el rumbo hacia la felicidad.

Y aunque exprimió cada segundo de su vida para disfrutar al máximo cada instante, no pudo trabajar en el dispensario del hospital durante la guerra sin obtener un diploma en farmacia, ni visitar los yacimientos arqueológicos de Siria e Irak con asiduidad sin convertirse en una gran conocedora de la cerámica mesopotámica. Sin premeditarlo, pero sin echarse jamás atrás por el hecho de ser mujer, fue una de las primeras personas en montar en avión y de los primeros europeos en hacer surf, y gastó su primera paga en un automóvil que jamás se cansaba de conducir, apasionada por la sensación de velocidad y de independencia que le proporcionaba su Morris Cowley gris.

Si bien Agatha no se propuso derribar ninguna barrera impuesta a su género de forma consciente, fue enfrentándose a un prejuicio detrás de otro sin rendirse jamás, logrando trazar su propio camino con gran independencia de las presiones sociales. A mediados del siglo xx no solo tuvo que defender su voluntad de viajar sola o de trabajar en tiempos de guerra, sino que también se enfrentó a aquellos que se oponían a otras decisiones más controvertidas para la época, como el divorcio, considerado una prueba de fracaso femenino, o el matrimonio con un hombre trece años menor que ella.

La prolífica vida de Agatha y su deseo de enfrentarse siempre a nuevos horizontes se refleja en su obra. Podía haberse limitado a la novela de misterio y, sin embargo, poco tardó en dar el salto a la radio, el cine y el teatro. Y fue en las tablas donde, cuando todos la consideraban en la cumbre de su carrera, la autora de *Asesinato en el Orient Express* alcanzó su mayor éxito: El estreno de *La ratonera*, obra que no ha dejado de representarse ni un solo día desde que se estrenó en 1952, batiría todos los récords en el mundo del teatro.

La creadora de uno de los detectives de ficción más famosos de todos los tiempos, Hércules Poirot, no se contentó con el personaje que generó su principal fuente de ingresos y decidió explorar otras posibilidades ideando una nueva investigadora que llegaría a ser tan popular como su colega masculino de profesión: Miss Marple. En esa detective de edad madura Agatha fue vertiendo detalles de muchas mujeres a las que conocía, así como de sí misma. Mujeres aparentemente sencillas, pero sagaces, vivas, inquisitivas y extremadamente inteligentes. Las maravillosas dotes de observación de Agatha resuenan con fuerza en Marple y en muchos otros personajes femeninos de sus obras.

En los últimos años de su vida, la reina Isabel II reconoció la importancia de la autora al nombrarla dama del

Imperio británico, y su fama se hizo aún mayor. Pero ni siquiera cuando la salud y la movilidad empezaban a flaquear se convirtió en la afable y canosa escritora que nos ha legado el imaginario, pues la que parecía una escritora convencional ni siquiera tenía un despacho. Escribía en cualquier parte, y solo se sentaba delante de la máquina rodeada de papeles y muy concentrada cuando un periodista así se lo pedía para tomarle una fotografía.

Agatha fue muchas mujeres: Agatha Miller, la niña apasionada que devoraba libros tras aprender por ella misma a leer; Agatha Christie, la escritora que se encontró con el éxito de imprevisto; Agatha Mallowan, la infatigable fotógrafa y ayudante en los yacimientos arqueológicos de Siria e Irak; e incluso Mary Westmacott, el pseudónimo con el que la famosa autora escribió los libros más personales de su carrera.

Pero ante todo fue una mujer que nunca aceptó el lugar al que su época la relegaba, a la que nadie fue capaz de convencer de que no podía hacer algo hasta que lo había intentado por sí misma y cuya sed de experiencias, determinación y rechazo de los convencionalismos fueron muy adelantados a su tiempo. La vida de Agatha, la misma que quedó escondida detrás de esa apariencia de anciana bondadosa, queda desgranada en estas páginas mostrando todas las facetas de una mujer que, en lugar de esforzarse por encajar en los moldes de la época, amoldó la vida a su gusto, dejando tras de sí un legado que va mucho más allá de su extraordinaria carrera literaria.

1

UNA DAMA CON UN PLAN

No sabes si puedes hacer algo
hasta que lo intentas.

AGATHA CHRISTIE

Agatha Miller era una gran conversadora, fruto de su excelente educación y de su actitud curiosa y siempre atenta a los detalles. En la imagen de la página anterior, la joven en París, en 1906.

A codada en la borda del *SS Heliópolis*, Agatha Miller contemplaba extasiada cómo la costa de Egipto comenzaba a dibujarse en el horizonte. El flamante barco de pasajeros que cubría la ruta entre Marsella y El Cairo había sido botado solo unos meses antes, en la primavera de 1907. Poco a poco, ante sus ojos se iban desvelando los contornos de un país que hasta entonces no había sido más que un exótico espejismo en su mente. Mientras los más de ciento sesenta metros de eslora del *SS Heliópolis* se desplazaban suavemente por las aguas del Nilo, la joven Miller reflexionaba sobre la importancia de la aventura que estaba a punto de emprender. Junto a su madre, Clara, Agatha se disponía a pasar tres meses en El Cairo, con el objetivo de materializar un deseo largamente anhelado: su presentación en sociedad. Agatha por fin iba a convertirse en miembro activo de los círculos sociales, participando en fiestas y celebraciones que le permitirían entablar relación con otros muchachos de su edad y ponerse a prueba en ese ámbito inexplorado. A principios del siglo xx, este era un momento de vital importancia para una dama de clase acomodada como ella. Tanto era así que su propia madre se refería a este acontecimiento como «el derecho a nacer» de una joven, el momento en el que una Agatha adolescente debía romper su crisálida, deslumbrar con sus dones más extraordinarios y, con suerte, encontrar el marido adecuado.

El destino elegido por madre e hija no era caprichoso ni aleatorio. En la primera década del siglo xx, el interés por Egipto y su historia estaba en su máximo apogeo. El país africano se encontraba bajo dominio británico y constituía uno de los protectorados más ricos del imperio. Para los visitantes, el principal reclamo, además de los consabidos intereses artísticos y arqueológicos, eran los grandes beneficios que la zona proporcionaba al Imperio británico, expandido en esa época por los cinco continentes. Por ese motivo, a Agatha la acompañaban en su travesía muchos otros ciudadanos británicos que, como ella, pertenecían a la clase alta, pues no eran pocas las familias acaudaladas que elegían Egipto como lugar de recreo o como destino militar, hospedándose en los hoteles del país durante meses o incluso años. Otros, como Agatha y su madre, habían escogido ese destino precisamente para beneficiarse de la compañía de la copiosa colonia británica que se reunía allí, mucho más selecta, variada y numerosa que la que nutría los círculos sociales de otras muchas ciudades del Imperio británico.

Mientras el barco se dejaba mecer por el vaivén de las olas, Agatha fantaseaba con su futuro, preguntándose cómo se desarrollarían los acontecimientos y emocionada ante la perspectiva de lo que un evento de esa magnitud significaba para una joven de diecisiete años. Aunque la Agatha adolescente se moría por pisar las calles de El Cairo y divertirse codeándose con otros jóvenes británicos, los nervios que revoloteaban en su estómago le recordaban que la ocasión era una oportunidad para lograr algo mucho más importante que encontrar marido: empezar a tomar las riendas de su propia vida.

∾∾

La vida que Agatha Mary Clarissa Miller dejaba momentáneamente atrás había empezado en la pequeña villa de Torquay, Inglaterra, el 15 de septiembre de 1890. Fruto del matrimonio entre Frederick y Clarissa Miller, Agatha, la menor de tres hermanos, había nacido y se había criado en una residencia ajardinada conocida con el nombre de Ashfield. La mansión, pese a no ser extremadamente lujosa, no desentonaba entre los muchos caserones de clase media-alta que abundaban en la villa sureña, si bien en ella residía una familia poco convencional. Clara era una mujer carismática que se definía a sí misma como médium y aseguraba tener visiones que determinaban sus decisiones. Junto a su amado Frederick, un corredor de bolsa norteamericano despreocupado, algo manirroto y aficionado al teatro, Clara organizaba agradables veladas a las que asistían escritores de la talla de Rudyard Kipling, autor de *El libro de la selva*, o Henry James, famoso por los minuciosos retratos psicológicos de sus personajes. Del feliz matrimonio nacieron tres hijos: Margaret, a quien todo el mundo conocía como Madge, Louis Montant, único hijo varón a quien cariñosamente llamaban Monty, y, finalmente, Agatha. Madge, con quien la futura escritora se llevaba once años, había heredado el carácter afable y divertido de su padre, y todos los que la rodeaban la adoraban. Y es que el señor Miller pertenecía a la rara categoría de personas que convertían la felicidad ajena en la suya propia, lo que en gran medida contribuyó a que la infancia de Agatha fuera completamente dichosa, y su hogar, un entorno protector y feliz en el que unos padres que se amaban educaban a sus hijos con ternura y en un ambiente de libertad poco común para la época. Los Miller estimulaban las dotes creativas de Agatha y la animaban en su búsqueda de la realización personal, algo bastante alejado de la educación que recibían las muchachas en aquella época. En su autobiografía, Agatha definió esta etapa de su vida como una de las más dulces de su existencia:

> Una de las mejores cosas que le pueden tocar a uno en la vida es una infancia feliz. La mía lo fue. Tenía una casa y un jardín que me gustaban mucho, una juiciosa y paciente nodriza y, por padres, dos personas que se amaban tiernamente y cuyo matrimonio y paternidad fueron todo un éxito.

Feliz y libre de cualquier atadura a la hora de explotar su creatividad, Agatha pronto experimentó una auténtica pasión por el suspense. Siendo tan solo una niña, encontraba algo terroríficamente gozoso en el estado de alerta y expectación que provocaban la intriga y el miedo, pues en esas circunstancias, cuando cualquier cosa podía suceder, vivía cada segundo con los sentidos alerta, temerosa pero al mismo tiempo ansiosa por descubrir el desenlace. Los juegos con los que más disfrutaba en su infancia eran siempre aquellos en los que se entremezclaban estos elementos. Consciente del gusto de su nieta por este tipo de emociones, su abuela a menudo simulaba confundirla con la cena y, tras afilar los cuchillos, la perseguía para tratar de hincarle el diente. Otras veces, era Madge quien, accediendo a los ruegos de la pequeña, se presentaba ante Agatha como su hermana secreta, a quien sus padres habían abandonado de pequeña en una cueva a causa de su locura. Su imaginación, tan fértil como voraz, desarrollaba historias y escenas fantasmagóricas y misteriosas, que se nutrían tanto de sus lecturas como de su insaciable curiosidad y del misticismo inoculado por su madre.

Como era de esperar, la formación de Agatha resultó tan poco común como su familia. La señora Miller encaraba la educación de sus hijas del mismo modo que se enfrentaba al mundo religioso. Aficionada al esoterismo en general y poco partidaria de doctrinas concretas, Clara había practicado diversas religiones en un incansable intento por encontrar la que más conectara con sus ideas místicas, y este mismo proceder disperso lo había aplicado a la escolarización de sus hijos. Tras llevar a Madge a un colegio para niñas y enviar a Monty a una academia militar, cuando llegó el turno de Agatha su parecer con respecto a la enseñanza había virado hacia posturas muy particulares. Clara había llegado a la conclusión de que lo único que necesitaban las chicas —su criterio no afectaba a los chicos— era que las dejasen tranquilas. Aire fresco y buena alimentación. Así, en lugar de ir a la escuela o tener institutriz, Agatha se escolarizó en casa. Su madre la animaba a practicar todo el deporte que pudiera, desde largas caminatas por el bosque hasta sesiones de natación en las gélidas aguas del mar, unas pautas realmente inusuales en la educación de una niña de esa época. Exploradora por naturaleza y siempre con un plan o un objetivo entre manos, Agatha disfrutó de una infancia que le permitió experimentar libremente sus intereses, aunque Clara pusiera algunos límites tan insólitos como los estímulos que proporcionaba a su hija. Curiosamente, la lectura fue uno de ellos. Según Clara, Agatha no debía aprender a leer hasta los ocho años, ya que retrasar la lectura era «beneficioso para los ojos y el correcto desarrollo del cerebro».

Sin embargo, la pequeña Agatha no pudo evitar desafiar la autoridad de su madre cuando esta decidió que su hija era demasiado joven para enfrentarse a las palabras, el jeroglífico que más la hechizaba. ¿Por qué tenía que esperar a que alguien le leyera un libro, si podía aprender a hacerlo ella sola? ¿Acaso iba a renunciar al placer de contar una historia, de leerla y asimilarla a su propio ritmo? Esta prohibición era mucho más de lo que una niña inquieta y llena de entusiasmo podía asumir, así que urdió un plan en su mente infantil. Cada vez que le leían un libro, Agatha pedía el ejemplar para ojearlo. Luego, observaba las palabras manteniendo en secreto su verdadera intención, recordando el cuento que acababa de oír y amoldando el sonido a aquellas extrañas grafías, hasta que las palabras, poco a poco, empezaron a cobrar sentido. Cuando iba de paseo con Nursie, su niñera, le preguntaba por el significado de todo aquello que encontraba escrito en las vallas o los carteles de las tiendas. Nursie, que no podía sospechar sus planes, le recitaba cariñosamente cuantos ró-

Agatha descubrió sus habilidades artísticas durante su infancia, motivadas por las inquietudes culturales de su padre, Frederick (arriba a la izquierda, padre e hija hacia 1893), por el misticismo de su madre Clara (arriba a la derecha, hacia 1895), y por las dotes literarias de su hermana Madge (abajo a la izquierda, ambas posan hacia 1895). Abajo a la derecha, Agatha toca la mandolina con ocho años.

tulos y letreros se encontraban a su paso. Hasta que un día, cuando la futura escritora aún no había cumplido los cinco años, tomó entre sus manos un libro titulado *El ángel de amor* y se dio cuenta de que podía leerlo. Triunfante, continuó su lectura en voz alta para que su niñera la oyese. Agatha mostraba orgullosa sus progresos como lectora independiente, el primero de una larga lista de logros que conseguiría impulsada por esa iniciativa y tenacidad que ya desde niña despuntaban en su carácter. Al día siguiente, Nursie se presentó ante Clara con aire consternado y le dijo:

—Lo siento, señora. La señorita Agatha sabe leer.

La victoria de Agatha no quedó empañada por la derrota de Clara, y desde ese mismo instante la pequeña se convirtió en una ávida lectora. Por su cumpleaños o Navidad, siempre formulaba el mismo deseo: libros, cuentos, historietas y poemas, volúmenes que irían llenando poco a poco sus estanterías. Su padre, por su parte, decidió que, si Agatha ya sabía leer, tenía que aprender cuanto antes a escribir. Tal y como recuerda la propia autora en su biografía, este proceso no resultó «ni de lejos tan placentero», pero la pequeña no claudicó. La perseverancia la impulsó en este camino hacia la escritura y, en el futuro, esta cualidad la ayudó a lograr muchos de los objetivos que se propuso. Curiosamente, como resultado de un proceso de alfabetización tan poco común, a Agatha la acompañaron ciertas faltas ortográficas y una enrevesada caligrafía durante toda su vida.

En 1901, el universo familiar tierno, estimulante y estable en el que crecía Agatha se vino abajo inesperadamente. Con tan solo cincuenta y cinco años, su padre sufrió un fulminante ataque al corazón que acabó con su vida. El duro golpe que supuso la muerte de Frederick sacudió los cimientos de la familia Miller, que se resquebrajaron para siempre. Agatha perdió aquel día la sensación de protección y seguridad que la había acompañado siempre, y la idea de abandono se instauró en ella con más fuerza cuando Madge, que poco antes se había prometido, también abandonó el hogar familiar para fundar el suyo propio. Monty, por su parte, que por aquel entonces tenía veintiún años, ya había comenzado una carrera militar lejos de casa. Así pues, en 1902, Agatha se encontró sola junto a su madre en un inmenso caserón prácticamente vacío.

Pese a su tierna edad, la niña se percataba por primera vez de que su padre no era solo el contrapunto alegre y despreocupado a la inteligencia y serenidad de Clara. Atenta a los susurros, silencios y lamentos que se oían por los pasillos de su casa, la pequeña descubrió que el bienestar de su familia se debía en gran parte a los ingresos de Frederick. Su madre, pese a ser una mujer cuyo consejo era requerido por grandes personalidades, no había sido preparada para el mundo laboral. A principios del siglo xx, aunque las mujeres habían conquistado el derecho de heredar el patrimonio de su esposo gracias al movimiento sufragista, aún eran educadas como hijas o esposas, nunca como personas independientes y capaces de valerse por sí mismas o de ganar su propio dinero.

Para sorpresa de Clara, Frederick había sufrido ciertos reveses con los negocios en Nueva York, y el capital con el que contaban era mucho menor de lo esperado. Aunque el dinero restante les permitiría mantener su posición sin sufrir demasiadas estrecheces, ya no gozarían de los recursos para vivir con la holgura económica a la que estaban acostumbradas.

Sin duda, con la muerte de Frederick todo había cambiado a un ritmo frenético. La ausencia de su querido padre y de sus hermanos, la convivencia con una madre rota por el dolor y que echaba cuentas mientras se sobreponía a la viudedad enfriaron la cálida atmósfera de Ashfield de la que se nutría Agatha, tanto que ella misma explicó más adelante que ese trágico acontecimiento fue un punto de inflexión en su vida, pues supuso el fin de su infancia:

> Tras la muerte de mi padre, la vida cobró un color muy distinto. Salí del mundo de la infancia, un mundo de seguridad y despreocupación, y crucé el umbral de la realidad.

Afortunadamente, la señora Miller no tardó en hacer bandera de su fuerte carácter y dejó atrás las lamentaciones para pasar a la acción. Cuando Agatha cumplió los quince años, Clara quiso proporcionar a su hija una educación que la preparase para relacionarse en sociedad según los códigos de la época, por lo que lo dispuso todo para alquilar Ashfield. El hogar donde había transcurrido la infancia de Agatha era una una mansión de estilo victoriano flanqueada por un esplendoroso jardín y cercana a la campiña de Devon. Clara sabía que podía pedir una buena renta por ella y costear así la educación que toda joven de la condición de Agatha necesitaba, una formación que, según sus particulares creencias, solo podía adquirirse en una ciudad: París.

Sin duda, la capital francesa tenía mucho que ofrecer a la joven Agatha. Allí pasó dos temporadas, recibiendo lecciones de canto, declamación y piano en la selecta academia que la señorita Dryden regentaba en la Avenue du Bois de Boulogne, junto al Arco del Triunfo. Tras años recibiendo clase de sus propios padres en Ashfield, con poco o nulo contacto con chicas de su edad, la educación francesa era un soplo de aire tan refrescante que la propia Agatha se referiría a su estancia en París como un momento idílico que le permitió mejorar a pasos agigantados sus habilidades artísticas y que dejaría en ella una huella indeleble: «Los dos inviernos y el verano que pasé en París fueron de los mejores de mi vida».

Agatha aprovechó su estancia para asistir regularmente a funciones teatrales en la Comédie-Française, uno de los teatros más prestigiosos de la ciudad. Su contacto con el mundo del teatro, sin embargo, no se limitaba al patio de butacas. Distinguidos miembros de la escena francesa acudían frecuentemente a la escuela de la profesora Dryden para dar charlas sobre Pierre Corneille, Jean Racine o Molière, lecciones que Agatha escuchaba con la avidez de quien reconoce la pureza de la fuente de la que está bebiendo. Estos encuentros despertarían en ella un interés por el mundo del teatro que mantendría toda su vida. No es casual que en sus memorias alabase este tipo de educación:

> Creo que la enseñanza solo puede ser satisfactoria si suscita una respuesta en el alumno. De nada sirve la mera información, pues no aporta nada distinto de lo que ya tenías. Que fueran actrices reales quienes nos hablaban de obras de teatro mien-

tras recitaban palabras y textos, que profesionales de verdad nos cantasen *Bois épais* o un aria del *Orfeo* de Gluck, avivaba en nosotras un amor apasionado por el arte del que nos hacían partícipes. Esto abrió ante mí un mundo nuevo, en el que he vivido desde entonces.

Pero París también fue el lugar donde Agatha se topó de lleno con uno de los obstáculos que se interpondría en varias ocasiones en su vida y que desluciría esa idílica época. Por aquel entonces mostraba un innegable talento tocando el piano, habilidad que había desarrollado en largos ensayos de siete horas diarias en Torquay, y en la capital francesa encontraba un contexto inmejorable para progresar con el instrumento. Sus insignes profesores alababan tanto sus dotes como pianista que Agatha incluso fantaseaba con la idea de hacer de su interés artístico su medio de vida, dedicándose a la música de forma profesional. Sin embargo, los ágiles dedos de la joven pianista no eran todo lo que se necesitaba para progresar en el mundo de la música. A los pocos meses de su llegada, la escuela a la que asistía la escogió para dar un recital acompañada por una importante cantante.

Pero el día del estreno Agatha fue incapaz de tocar. Sudaba, se revolvía en su asiento y, por mucho que lo intentaba, sus dedos no respondían a tiempo y percutían la tecla equivocada, casi siempre fuera de compás. Parecía una completa aficionada. El miedo escénico la había paralizado y le había impedido demostrar su gran talento. Su profesor le aseguró que más le valía abandonar su idea de una vida dedicada al piano, pues jamás sería capaz de enfrentarse a un teatro repleto de espectadores. Tras sopesar sus palabras, Agatha abandonó su sueño de ser pianista con sorprendente entereza y optimismo, tal y como rememoró más adelante en su autobiografía:

> Si no se puede ser lo que más se desea, es mejor reconocerlo y seguir adelante, en vez de hundirse en lamentaciones vanas e ilusiones. El recibir pronto ese desaire me ayudó para el futuro.

Aunque la lección estaba aprendida, detrás del pánico escénico se escondía también una profunda timidez que no cesó de atormentarla, ya que afectaba a muchos ámbitos de su vida. El hecho de haber crecido en Ashfield, sin compañeros de pupitre y rodeada de adultos, le dificultaba ciertamente el trato con los chicos de su edad y, aunque Agatha nunca supo si aquello era la causa o el efecto de su timidez exacerbada, durante su estancia en París fue acariciando la idea de sobreponerse a lo que consideraba una flaqueza de su carácter.

En 1907, de vuelta a su país natal, Agatha se reencontró con su madre notoriamente debilitada. Ningún médico sabía diagnosticar qué le sucedía. Clara, con su peculiar sentido de la realidad, se convenció de que lo mejor para su salud sería un cambio de clima a otro más seco y soleado, un tratamiento que se ajustaba perfectamente a su última y excéntrica ocurrencia: presentar a Agatha en sociedad en Egipto, donde sus ahorros podían permitirle costear los bailes, cenas y pasatiempos propios de una debutante. Algo así habría resultado inimaginable en Londres, ni tan siquiera en vida de Frederick, ya que los gastos que suponía celebrar un evento de esas características en la capital del Imperio británico habrían diezmado demasiado la economía doméstica. Y dado que Agatha había aprendido a tocar espléndidamente el piano y se había convertido en una armoniosa bailarina, la señora Miller juzgó por bien empleado su capital y se concentró en su siguiente objetivo: alquilar de nuevo Ashfield y poner rumbo a Egipto junto a la menor de sus hijas.

∾∾

Agatha seguía perdida en sus ensoñaciones mientras caía la tarde sobre el límpido cielo egipcio y el cálido viento le desordenaba el cabello. Desde una de las hamacas reservadas en el *SS Heliópolis* a los huéspedes de su categoría, Clara Miller observaba a su hija como si por primera vez se diera cuenta de que esa esbelta joven, con su larga melena castaña recogida al estilo griego, tal y como dictaba la moda del momento, había dejado de ser una niña. Agatha sintió en su espalda la atenta mirada de su madre y se giró con una cómplice inclinación de cabeza en la que se mezclaban el agradecimiento y la admiración: su madre le estaba brindando la oportunidad de descubrir ese estimulante e inesperado mundo que comenzaba a desplegarse a su alrededor. La joven estaba decidida a tomar de él cuanto le ofreciera.

Poco a poco, se había dado cuenta de que, aunque su presentación en sociedad y el objetivo de encontrar un buen marido eran costumbres a las que no tenía nada que oponer, no podía confiar su bienestar simplemente a un esposo. Su propia madre había tenido que ser adoptada por su tía Margaret cuando su abuela se quedó viuda, y también ellas se habían visto en grandes dificultades económicas tras la muerte de Frederick. Su verdadero plan era otro: encontrar una profesión que le permitiera desarrollar su talento.

Eso no significaba que estuviera dispuesta a renunciar a sus hermosos vestidos ni a participar en concurridos bailes. No tenía prisa, pues ahora era joven y sabía que ese era el momento de divertirse y gozar de los variados entretenimientos para los que su educación la había preparado. Simplemente, había decidido utilizar el momento que la opinión general consideraba uno de los más destacados en la vida de una joven para satisfacer sus propias ambiciones.

Mientras contemplaba el nuevo mundo de posibilidades que El Cairo ofrecía al visitante extranjero, Agatha esbozó su propósito: los excesivos reparos que habían truncado una prometedora carrera como pianista no volverían a interponerse en sus deseos. Aunque con su pragmatismo habitual había asumido que su destino no estaría ligado a la música, en su mente la aceptación poco tenía que ver con la resignación. Las cenas, los bailes y los eventos propios de una presentación en sociedad constituían para ella, al mismo tiempo, un desafío y una oportunidad que estaba decidida a aprovechar.

Inquieta ante el inminente desembarco en El Cairo, Agatha se había apartado de la barandilla y caminaba ahora de un lado a otro de la cubierta tratando de calmar su agitación. Sin duda, pensaba, uno de los incordios de convertirse en una elegante dama de la alta sociedad británica era que no podía exteriorizar ese desasosiego que le quemaba por dentro correteando como una niña. Llevaba demasiado tiempo navegando y anhelaba un poco de la actividad física a la que estaba acostumbrada, convencida de que el ejercicio, sin duda, habría aliviado la ansiedad y la impaciencia que sentía en esos momentos.

Finalmente, el 23 de noviembre de 1907, Agatha Miller pisó por primera vez suelo egipcio acompañada por su madre. A partir de ese crucial momento empezó a desenredar los hilos con los que posteriormente tejió el velo de crimen, enigma y misterio que todavía hoy cubre el Valle de los Reyes.

～～

Para su estancia en Egipto, Agatha y Clara habían elegido el hotel Gezirah Palace, un edificio palaciego construido para acoger a los invitados de la inauguración del canal de Suez en 1869 y que se había convertido en hotel solo un año antes de la llegada de Agatha, en 1906. Situado a orillas del Nilo, el lugar ofrecía unas magníficas vistas tanto del río como de la ciudad, y sus clientes eran principalmente familias inglesas y miembros del ejército al servicio de Su Majestad. Los pórticos, galerías con columnas y amplios salones de estilo neoclásico transportaban a sus huéspedes al corazón de Europa. Eso resultó en parte una pequeña decepción para Agatha, que estaba ávida de nuevas experiencias, pero nada podía resquebrajar la ilusión con la que la joven empezaba esa aventura. En cierta medida, le resultaba un tanto extraño encontrarse lejos de su Inglaterra natal y, aun así, sentirse como en casa. Egipto era por aquel entonces un protectorado británico, desde la ocupación del canal de Suez en 1892 y la posterior expansión militar por todo el país. Gran Bretaña se había posicionado a la cabeza de la ola de colonización, y sus tentáculos se extendían ya por los cinco continentes, asegurando los recursos y materias primas necesarios para que la Revolución Industrial siguiera su buen ritmo. Junto con la India, Egipto era por aquel entonces una de las fuentes de ingreso y prestigio más importantes del imperio, y eso era algo que se respiraba en el ambiente de El Cairo.

De este modo, a pesar de encontrarse a miles de kilómetros de Ashfield, Agatha se topó de pleno con la sociedad británica de las colonias nada más desembarcar. Al llegar a su habitación, abrió con sumo cuidado uno de los baúles donde transportaba sus pertenencias y observó emocionada toda la ropa que esperaba, perfectamente dispuesta, a que ella la luciera en sus bailes de presentación. Organizó uno a uno los trajes que habían doblado con delicadeza para que el tafetán o la seda se arrugaran lo menos posible. La maleta contenía de todo: vestidos con el escote cerrado o abotonado al cuello, esbeltos corpiños, sombreros de casi un metro de diámetro y un sinfín de pequeños e imprescindibles complementos como guantes, chales y tocados. La moda también era un reflejo de los códigos de la época y, además, para Agatha no dejaba de ser un símbolo de su nuevo estatus. Con sus trajes se enfundaba también gustosa su nuevo personaje: el de la joven dispuesta a deslumbrar con su carácter y en las pistas de baile.

Sin embargo, tal y como había temido desde su partida, entrar a formar parte del mundo por derecho propio era bastante complicado. Pese a la exquisita educación recibida, que debía hacerla brillar en estimulantes conversaciones, los grandes salones atiborrados de gente eran mucho más abrumadores de lo que había creído, y Agatha se sentía aún demasiado cohibida para entablar una conversación con naturalidad. En uno de sus primeros bailes, un joven capitán la tomó de la mano y la llevó con delicadeza hasta la pista de baile. Agatha se dejó llevar por el ritmo de la música y encadenó con soltura los pasos, ¡por fin lograba soltarse y mostrarse con naturalidad! Hasta que una pregunta sin importancia pronunciada por el capitán para romper el hielo la dejó petrificada. Agatha no encontraba el coraje para contestar, ni siquiera para mirar a su compañero de baile a los ojos. Cuando sonó la última nota, el capitán acompañó a Agatha hasta su madre, a la que espetó: «Aquí tiene a su hija. Ha aprendido a bailar. Es más, baila muy bien. Ahora enséñele a hablar».

Aquellas palabras quedaron grabadas en su mente y en sus memorias las describió como un «justo reproche». Aunque estaban destinadas a herirla, después del disgusto inicial decidió obviar la altivez que escondían para centrarse en los dos hechos innegables que evidenciaba el juicio del capitán: que no bastaba con presentarse en sociedad para vencer la timidez y que era una excelente bailarina. Agatha estaba dispuesta a cumplir su plan a toda costa y terminar como fuera con ese retraimiento que le impedía disfrutar del momento. Y si hablar aún no se le daba demasiado bien, se aferraría a una habilidad por la que sí había recibido halagos: el baile.

Así fue como, a través de su destreza en la pista —que hacía que nunca le faltara *partenaire*—, Agatha fue sintiéndose cada vez más segura. Era innegable que un salón de baile era el ecosistema ideal para una gran bailarina, y gracias al vals y a la polca poco a poco fue apropiándose del espacio. ¡Cómo disfrutaba entonces! Pronto entabló amistad con algunos jóvenes

La experiencia en Egipto fue muy enriquecedora e inspiradora para Agatha, que aprendió a sociabilizar con gente de su edad y a afinar sus innatas dotes de observación. Arriba, la joven de excursión por el desierto. Abajo, el lujoso y exótico Gezirah Palace, donde se alojó con su madre durante su estancia en el país.

oficiales, que le demostraron que no todos los caballeros compartían la falta de cortesía de aquel joven capitán con el que había bailado a su llegada. Poco a poco la afinidad sentida en la pista de baile se prolongó naturalmente en las discusiones que tenían lugar cuando había cesado la música. Al fin y al cabo, la restrictiva etiqueta no decía nada de que, acabada la danza, no se pudiera conversar distraídamente apoyados sobre las verandas que daban al jardín de los hoteles donde tales acontecimientos se celebraban, o disfrutando de la brisa y las vistas de las fértiles tierras del Nilo en algún balcón, libres de la vigilante mirada de madres y acompañantes.

Debido a los bailes y a otras actividades sociales que organizaban los hoteles, la lista de nuevas amistades de Agatha no dejaba de crecer, sumando jóvenes de ambos sexos, pues otras muchas chicas habían viajado hasta El Cairo con sus familias con el mismo fin de celebrar su puesta de largo. Así, en esta animada concurrencia de la alta sociedad inglesa establecida en la desembocadura del Nilo, Agatha comenzó a desterrar su carácter retraído y a compartir con extraños su brillante conversación. Aquel ambiente festivo de El Cairo le hizo darse cuenta de que nunca había gozado de una oportunidad como aquella para disfrutar de compañeros de su edad, pues en este aspecto la sociedad de Torquay era muy limitada. En ese nuevo estado de libertad, fue dejándose llevar por la alegría compartida de aquellos jóvenes despreocupados, satisfaciendo junto a ellos sus ansias de vivir plenamente cada momento.

Clara Miller, a la que este repentino cambio en el carácter de Agatha, que se mostraba cada vez más sociable, no dejó de extrañarle, consideró que incluir un poco de cultura en la formación de su hija no estaría de más, por lo que en una ocasión le propuso visitar juntas Luxor y otros lugares emblemáticos de la zona. Clara se topó con la inesperada negativa de su hija, incapaz de renunciar ni por un solo momento a la nueva forma de libertad y expresión que le proporcionaba el hecho de estar con gente de su misma edad y condición. Había dedicado la mayor parte de su vida a convertirse en una dama, así que ahora tenía derecho a divertirse como tal. ¿De qué valía la educación recibida, si no? Se había ganado a pulso los bailes de disfraces y los paseos por el desierto, las tardes en el polo y las mañanas de cháchara en el hotel con el resto de las jovencitas casaderas. Sin lecciones de gramática ni clases de declamación que le ocuparan la mayor parte del tiempo, como le había sucedido en París. ¿Cómo iba a renunciar a la sensación de salvaje libertad que Egipto le proporcionaba?

En efecto, las maravillas de la era de los faraones era lo último que le interesaba en ese momento, y, con el tiempo, se alegró de no haber visitado en esa ocasión estos monumentos, que sí tendrían un gran impacto en ella veinte años después, ya que, tal y como recordó cuatro décadas más tarde en sus memorias: «No hay mayor error que ver u oír las cosas a destiempo».

Por otra parte, los personajes que poblaban El Cairo le interesaban enormemente, y haberse convertido en un miembro adulto de la sociedad no le había hecho perder ni un ápice de interés por el resto de las personas que la integraban, por lo que diseccionaba a los personajes de Oriente con el mismo énfasis que había aplicado a estudiar los caracteres de Torquay. Años más tarde, Agatha calificó su estancia en Egipto como todo un éxito tanto para Clara como para ella:

Mi madre ofreció una vida social a su hija con poco dinero y yo vencí la timidez. [...] Nada me habría librado tan pronto de mi torpeza. Fueron tres meses estupendos. Llegué a conocer bastante bien a veinte o treinta jóvenes; fui a unos cincuenta o sesenta bailes y, además, tuve la suerte de ser demasiado joven y de divertirme demasiado como para enamorarme.

Agatha estaba convencida de haber vencido en Egipto su natural falta de sociabilidad, de la misma forma que su particular intuición le hacía anticipar que el recuerdo que se llevaba de Egipto cambiaría radicalmente su vida, aunque aún no pudiera dilucidar de qué modo.

⁓⁓

A principios de 1908, tras tres meses en Egipto, madre e hija regresaron juntas a casa. Aunque Agatha estaba plenamente satisfecha de su aventura en Oriente, también ansiaba volver a su hogar, pues adoraba aquella casa que atesoraba la mayoría de los recuerdos de su infancia. Después de su exitosa presentación en sociedad en El Cairo, la joven de diecisiete años que volvía a Ashfield poco tenía que ver con la muchacha que había embarcado en el *SS Heliópolis*. Había entrado en el mundo de los adultos y reivindicaba un papel protagonista en él, harta de la actitud contemplativa con la que había tenido que contentarse hasta entonces y ávida de experiencias que le despertaran la misma intensidad que las vividas en Egipto.

A su vuelta a Torquay, continuó con la vida social que había iniciado en el país africano, si bien a un ritmo bastante inferior, pues las rentas de las que ella y su madre disponían no le permitían disfrutar en Inglaterra de los mismos placeres a los que se entregaba en El Cairo. Agatha sentía que no era la misma: su deseo de manifestarse en el mundo había crecido. Esta vez, ese anhelo por adueñarse de su vida la empujaba hacia otro lugar: lo que ansiaba era expresar su creatividad. De este modo, la joven decidió tomar un lápiz y dejar fluir sus ideas sobre el papel, garabateando los primeros versos que llegaron a ver la luz fuera de Ashfield. Se trataba de una serie de poemas basados en Pierrot, Colombina y otros personajes de la *Commedia dell'Arte* que luego envió a una revista especializada, *The Poetry Review*, y que no solo se publicaron, sino que fueron galardonados con un premio literario concedido por la misma publicación. Aunque no era una gran suma de dinero, Agatha recibía por primera vez un reconocimiento crítico que impulsaba aún más su afán creativo. En aquella época, aprovechando esa energía, llegó incluso a componer un vals que la orquesta de Torquay interpretó en sus actuaciones.

Así, Agatha quiso presentarse como una artista ante aquel mundo adulto que apenas le había abierto sus puertas. Sin embargo, y muy a su pesar, su actividad creativa se vio inesperadamente interrumpida en el invierno de 1908 a causa una fuerte gripe. No era nada grave, pero a Agatha le fastidiaba tener que guardar cama precisamente en ese momento, y no disimulaba los signos de impaciencia típicos de la fuerza de la juventud encerrada. Tratando de llevar sus pensamientos hacia un lugar más placentero, Agatha, convaleciente en su lecho, jugaba continuamente al *bridge*. Al ver a su hija, siempre tan activa intelectualmente, jugando sola a las cartas,

Clara comprendió que la ociosidad mental a la que se veía forzada podía llegar a empeorar su dolencia:

—¿Por qué no escribes un cuento? —le sugirió su madre.

—No creo que sea capaz —replicó Agatha tras un momento de reflexión.

—¿Por qué no? No sabes si eres capaz o no, pues no lo has intentado.

Agatha miró a su madre con desconfianza. Trató de resistirse vagamente, pero en el fondo sabía que lo había deseado desde hacía tiempo. Había escrito poemas y pequeñas historias desde su infancia, incluso una de ellas había sido publicada en el periódico local, pero, hasta entonces, nunca había osado pensar en sí misma como escritora, pues desde que era una niña consideraba a su hermana Madge, que había publicado algunos relatos en *Vanity Fair*, la narradora de la familia. Sin embargo, siempre había deseado escribir una historia con una estructura narrativa más compleja, y ahora que había encontrado el momento perfecto, decidió no desaprovecharlo.

Mientras reflexionaba, su madre puso entre sus manos un cuaderno casi nuevo, terminando de convencer de ese modo a la joven enferma que, incorporándose en el lecho, se lanzó a la búsqueda de argumentos. Aquella pugna con el folio en blanco le resultaba complicada. A veces, en sus fantasías infantiles, se imaginaba a sí misma escribiendo una novela; incluso tenía título, *Angie*, pero no se veía capaz de materializarla en palabras, frases y capítulos. Sin embargo, ahora, a sus veintiún años, pareció como si por fin hubiera encontrado el coraje para plasmar en papel todas las ideas que se agolpaban en su cabeza, y se lanzó de lleno a por ellas. Solo dos días después, había escrito su primer relato: *La casa de la belleza*. Satisfecha, decidió que aquel cuento merecía letra de imprenta. Desempolvó la vieja máquina de escribir de Madge, un modelo de la marca Empire, puso un carrete nuevo de tinta púrpura y mecanografió las treinta páginas de su primera historia. Más adelante, la autora diría sobre su primer cuento de juventud:

> No era una obra de arte, pero creo que era una buena historia; fue el primer texto que escribí que prometía algo. Está escrito de forma amateur, por supuesto, y muestra la influencia de todo lo que había leído la semana anterior. Esto es algo muy difícil de evitar cuando estás empezando a escribir.

A este relato siguieron muchos otros, todos ellos influidos por sus lecturas y por las fértiles creencias esotéricas de su madre, que frecuentaba sesiones de espiritismo y creía firmemente en la influencia de los sucesos paranormales en la vida de los individuos. Clara había iniciado a su hija en este mundo que, por supuesto, no podía dejar de fascinar a una amante del misterio. Tras la enfermedad, Agatha leyó sus relatos de nuevo. Consideró que eran bastante buenos. De hecho, pensó, merecían ser publicados. Y a eso dedicó sus esfuerzos. Decidida a conseguir su propósito, los mecanografió con mucha atención, como había hecho con el primero, y los envió indiscriminadamente a cuanta revista literaria cruzó por su mente, cambiando de seudónimo en muchos de ellos. Sin embargo, pese a sus esfuerzos, todos los relatos sin excepción le eran devueltos con una nota del editor explicándole su negativa.

No era agradable, desde luego, pero no se desanimaba. Tomaba el paquete rechazado, le arrancaba el papel de estraza con la dirección, lo empaquetaba de nuevo y lo enviaba a la siguiente dirección de la lista. Y aunque no todas las derrotas eran iguales para ella, el mismo sentido objetivo de la realidad que la había hecho abandonar su carrera de pianista la impulsaba a seguir enviando aquellos cuentos.

Para un autor desconocido resultaba muy difícil publicar por primera vez, y sus escritos no encontraban la aceptación de ningún medio. No obstante, Agatha, en lugar de desanimarse, decidió que, gracias a esa experiencia, independientemente de los resultados, había adquirido un notable dominio de los instrumentos de creación literarios. Con sus capacidades narrativas más ejercitadas, juzgó que había llegado el momento de dar un paso más en el desarrollo de su talento, como se había propuesto tiempo atrás. Desde la estancia en Egipto, su conocimiento del mundo y la seguridad en sí misma habían crecido lo suficiente como para atreverse a iniciar el proyecto que tanto deseaba y tantas veces había postergado por no sentirse suficientemente preparada: escribir una novela.

Sentada con la pluma en la mano, su mente voló a Egipto y se detuvo en un vívido recuerdo de lo que para cualquier otra persona menos observadora hubiera sido una simple anécdota. Una noche, durante su estancia en El Cairo, Agatha se fijó en una mujer fascinante y en sus dos pretendientes, de características claramente opuestas. La desenvoltura que mostraba la dama en aquellos lujosos salones iluminados por lámparas de araña había cautivado a la joven Agatha: la mujer se sentaba con los dos mismos caballeros interesados en ella sin jamás decantarse por ninguno, e ignoraba los comentarios que, sin duda, despertaba a su alrededor. Agatha, que hasta entonces no había visto a una mujer comportarse con tal libertad en público, quedó tan desconcertada y deslumbrada con esa escena que su mero recuerdo avivó su creatividad en Torquay. Sorprendida, la joven se dio cuenta de que había conocido a los protagonistas de su historia hacía entonces cuatro años. Lo que desconocía en ese momento era que en su memoria aguardaban otros muchos personajes, esperando a que su pluma les diera vida.

Sin embargo, pese a tener tan claro el punto de partida de su novela y disponer de una ambientación tan sugerente como El Cairo, el proceso creativo resultó más duro de lo que Agatha se había imaginado. Tras escribir y releer la mayoría de los pasajes, la joven escritora se daba cuenta de que había algo en la obra que no funcionaba. Perfiló mejor algunos personajes, introdujo una trama secundaria y realizó todo tipo de cambios, pero la estructura siempre acababa desmoronándose. Viéndola rehacer una y otra vez su novela con ahínco, su madre le aconsejó que pidiera consejo a Eden Phillpotts, un famoso escritor residente en los alrededores y amigo de la familia. ¡Visitar a un novelista profesional! Eso era dar un gran paso. Hasta entonces, no había mostrado su trabajo a nadie que lo analizara crítica e imparcialmente. Estaban los editores que rechazaban sus cuentos, claro, pero aquello no pasaba de ser un intercambio algo ajetreado con la oficina de correos.

Le costó reunir el valor, pero había aprendido a no dejar que su timidez se interpusiera en el camino de su realización personal. Además, se daba cuenta de que estaba creando una voz narrativa propia. Anhelaba describir el mundo que había estado observando durante tanto tiempo, sí, pero no solo para reflejarlo, sino también para reflexionar sobre él. Finalmente, cuando consideró que la novela estaba terminada, introdujo un folio en blanco en su máquina de escribir e, inspirada por los recuerdos de su viaje a Egipto, tecleó con decisión el título de su obra: *Desierto nevado*. A continuación, tomó el manuscrito bajo el brazo, cruzó la calle y llamó a la puerta de Eden Phillpotts, que lo leyó encantado y le dio algunos consejos:

> Has escrito algunas cosas estupendas, tienes grandes dotes para el diálogo, deberías cultivarlo para que sea natural. Procura suprimir toda moralización, te gustan mucho, pero resultan aburridas. Deja sueltos a los personajes para que hablen por sí mismos en lugar de sugerirles lo que tienen que contar, y no expliques al lector lo que quieren decir. […] Siento decirte que no es fácil que publiquen una primera novela, de modo que no te desilusiones.

Siendo ya una escritora de renombre, Agatha confesó que siempre estaría agradecida al señor Phillpotts, puesto que supo reconocer su talento literario y sus palabras la animaron a seguir adelante. Además, el apoyo de Phillpotts no se quedó ahí. Veía en Agatha el potencial de una joven promesa y escribió a su representante literario para que le diera su opinión. Sin dudarlo un segundo, Agatha fue a Londres para entrevistarse con Hughes Massie, el agente de Phillpotts, convencida de que su carrera como escritora no tardaría en despegar. Sin embargo, el primer encuentro no salió como esperaba: Massie ni siquiera se había leído el libro y la trató con cierta condescendencia, comentando sarcásticamente el título de la obra. Esto no presagiaba un buen futuro para su novela, pero ni Agatha ni su optimismo estaban dispuestos a adelantar acontecimientos. Mientras los hechos no estuvieran bajo su control, de nada valía preocuparse. Agatha decidió esperar pacientemente la respuesta del representante literario mientras seguía emocionándose con las óperas de Wagner y asistiendo a algún baile de vez en cuando.

En aquellos encuentros sociales, la joven se divertía flirteando veladamente con alguno de aquellos pretendientes que trataban de bailar un vals u otra pieza con ella, o que habían tenido la fortuna de sentarse a su lado durante la cena. El interés que mostraba por ellos y por todo cuanto la rodeaba y su sentido del humor convertían a Agatha en una joven muy atractiva, razón por la cual, pese al giro de sus circunstancias económicas, se la consideraba un buen partido. Era cierto que en aquella sociedad se calibraba la fortuna, pero teniendo en cuenta que la situación económica de su círculo era más o menos desahogada y que el matrimonio debía durar toda la vida, el espíritu alegre, el ingenio y un carácter equilibrado eran cualidades muy valoradas. Por su parte, Agatha sabía que tenía que casarse. Era el destino de toda dama de la época, pues la soltería estaba vista como una tragedia, ya que a la mujer se la consideraba incapaz de procurarse su propio sustento. Sin embargo, las damas victorianas, sobre todo las de más edad, insistían en que no era una decisión en la que debiera precipitarse. El pragmatismo de Agatha se impuso sobre los románticos ideales inculcados desde la infancia y no dejó que su juicio se enturbiara cuando uno de sus pretendientes le envió «las más fantásticas cartas de amor que podría soñar una mujer» ni por el aún más engañoso hecho de compartir los mismos gustos artísticos y literarios que sus pretendientes. Evidentemente, todos estos alicientes la seducían lo suficiente como para sentirse atraída por ellos, pero en el fondo Agatha era consciente de que aquello no significaba nada a la hora de elegir un compañero para toda la vida, y que muchas jóvenes habían malogrado su existencia por no ver más allá de unas señales tan llamativas como superfluas.

> Abandoné la etapa de veneración al héroe [...]. Ya no tenía capacidad para el amor desinteresado y la inmolación. Comencé a pensar en los jóvenes como tales, criaturas maravillosas con las que daba gusto encontrarse y entre las que algún día escogería a mi marido.

A principios de la década de 1920, Agatha conoció al comandante de artillería Reginald Lucy, hermano de unas amigas de Torquay. Reggie era un hombre paciente, tranquilo y sereno que agradó de inmediato a la joven. Tenía aquella cualidad que tanto apreciaría más tarde Agatha, y que compartía con su padre: era empático y complaciente, podía ponerse en el lugar de aquellos a los que amaba y hacerlos felices. Este rasgo de su carácter llegaba a extremos tan sorprendentes que cuando

Agatha aceptó su propuesta de matrimonio, Reggie le recomendó que reflexionara: «No quisiera imponerme de ninguna manera, no hay prisa. […] Eres muy joven y sería un error que te atara ahora». Semejantes palabras no podían sino ejercer el efecto contrario en Agatha, pues deseaba compartir la vida con un hombre que respetara su libertad por encima de todo. El comandante, felizmente comprometido, regresó pronto a su regimiento, y Agatha, aunque hubiera preferido casarse al día siguiente, aceptó la actitud sincera y relajada de Reggie y se conformó con esperar a su regreso para celebrar el enlace.

Mientras tanto, a pesar de que había triunfado en la esfera social, en el ámbito literario el éxito le seguía siendo esquivo. Unos meses después de su entrevista en Londres, Hughes Massie le había devuelto el manuscrito de su novela junto a una carta en la que le explicaba que el libro resultaba difícil de publicar e instándola a dejar ese primer intento en el cajón y dedicarse a otra cosa. Como ya había hecho una vez, cuando el pánico escénico la había empujado a abandonar su carrera de pianista profesional, Agatha asumió con tranquilidad la derrota que suponía abandonar un proyecto creativo al que había dedicado tantas horas y empeño. Esta vez, sin embargo, la escritora tenía claro que el rechazo atañía tan solo a su libro. ¡Reconocía su propio talento! Al fin y al cabo, ese libro era su primera obra, y Agatha, cuya tenacidad iluminaba de nuevo su camino en los momentos más oscuros, era consciente de que solo se fracasa en el último intento. Extenuada por el esfuerzo, volvió al mundo conocido de los poemas y los relatos, enviando su trabajo a revistas y periódicos con el mismo entusiasmo y tesón.

En aquellas mismas fechas, Madge fue de visita a Torquay. Había tenido un niño, James, que adoraba a su tía Agatha y que, como ella en su infancia, disfrutaba con los jardines y bosques que rodeaban Ashfield. Durante esa visita, Agatha habló apasionadamente con su hermana de un libro publicado unos años atrás, en 1907: *El misterio del cuarto amarillo*, de Gastón Leroux. La novela recurría al enigma de la habitación cerrada, una trama en la que un cadáver aparece misteriosamente en un espacio delimitado, del que aparentemente nadie puede haber entrado o salido sin ser visto. Agatha, y al parecer todos sus coetáneos, consideraban esa novela como una de las mejores de su género. Leerla había sido sin lugar a dudas una experiencia de lo más placentera, pero ¿cómo se había planteado la trama el autor? ¿Cómo había descompuesto la acción en un rompecabezas tan magistral, desgranándolo meticulosamente para que el lector deseara con toda su alma leer más páginas hasta llegar al desenlace? Agatha, a quien su experiencia como lectora de los casos de Sherlock Holmes y Arsène Lupin había llevado a descubrir cualquier pista por bien disimulada que estuviera en el relato, defendía acaloradamente la técnica del autor contra la opinión de su hermana. De pronto, una idea fugaz cruzó por su mente. En realidad, era algo que sabía desde hacía tiempo, pero ahora tenía el coraje y la determinación para expresar en voz alta el deseo que venía fraguándose en su interior desde hacía tanto tiempo. Dejó de lado la discusión sobre Leroux y proclamó:

—Voy a escribir una novela policíaca, Madge.

Agatha ya no era aquella joven dubitativa sentada delante de un folio en blanco tratando de encontrar la forma de expresar convincentemente sus ideas. Había observado con atención los mecanismos del oficio y ahora podía utilizarlos para definir mejor los contornos de su nuevo propósito. Madge, que ignoraba que aquella declaración era la primera señal visible de la idea que llevaba largo tiempo germinando en la cabeza de su hermana, trató de disuadirla.

—Dudo que seas capaz —dijo—. Es muy difícil, yo también he pensado en ello.

—Me gustaría probar.

—Te apuesto lo que quieras a que no lo consigues.

A pesar de que la apuesta era tan solo una forma de hablar, Agatha se tomó en serio el reto. Consideraba a su hermana una narradora nata, pero sabía que se equivocaba. Además, en ese momento volvía a sentir ese impulso, ese anhelo que la había empujado a buscar otra cosa más allá de un buen matrimonio, otra carrera más allá del piano, otro agente literario más allá de Hughes Massie. Entonces supo con certeza a qué quería dedicar todo su talento: iba a escribir una novela policíaca y no cejaría en su empeño hasta publicarla.

2

HACIA DELANTE

Aprendí que no se puede dar marcha atrás,
que la esencia de la vida es ir hacia delante.
La vida, en realidad, es una calle de sentido único.

AGATHA CHRISTIE

*Agatha siempre supo afrontar con gran
aplomo y serenidad las dificultades
que surgieron a lo largo de su vida.
Durante la guerra, logró desarrollar
sus inquietudes mientras contribuía a
ayudar al país con un trabajo voluntario.
En la imagen de la página anterior, la
joven en Hayfield, Derbyshire, en 1913.*

El mismo sol que se había despedido de la era victoriana hacía ya más de una década acariciaba con sus últimos rayos la imponente fachada de la mansión Ugbrooke, situada en el condado de Devon. Era una tarde de octubre de 1912 y la familia Clifford había dispuesto hasta el último detalle de su elegante mansión de campo para acoger un baile de sociedad. Agatha, que se encontraba entre las invitadas, había elegido uno de sus mejores vestidos para asistir a la lujosa velada, aunque su expectación inicial se había visto truncada por la baja inesperada de su pareja de esa noche, Arthur Griffiths, un excelente bailarín, que le había escrito en el último momento para comunicarle que finalmente no podría asistir a la celebración y que, en su lugar, enviaba a un amigo.

La orquesta afinaba ya sus instrumentos y no tardaría mucho en tocar la primera pieza. ¿A cuál de los jóvenes que se lo habían solicitado concedería Agatha el primer baile? Mientras trataba de decidirse entre los candidatos, las puertas del salón se abrieron y apareció un joven alto, de rizos dorados y cristalinos ojos azules. El recién llegado esbozó una acogedora sonrisa y se dirigió hacia los Clifford con un aplomo poco frecuente en una muchacho de veintitrés años. Una vez se hubieron saludado, el anfitrión condujo a su invitado hasta Agatha y reveló a la dama la misteriosa identidad de su acompañante de esa noche. Agatha Miller conocía así a Archibald Christie.

Archie, como todos lo llamaban, no tardó en quedar impresionado tanto por la destreza de la joven bailarina como por su agudo sentido del humor. Tal fue el grado de conexión que experimentó que trató de reservar el mayor número de bailes posibles con ella, rozando los límites de la más relajada etiqueta. A Agatha le sorprendió mucho que el joven se saltara tan descaradamente las convenciones, pero también le resultó un gesto novedosamente refrescante. La personalidad de su seductor acompañante era tan magnética que sentía cómo cada paso de baile la atraía con más fuerza hacia él, al tiempo que la alejaba del recuerdo de Reggie, su prometido. Y así, fue declinando uno a uno a los demás bailarines para poder seguir disfrutando de la velada en tan buena compañía.

Tras ese primer encuentro, Agatha volvió a verse con el joven apuesto que tanto la había impresionado en la mansión de los Clifford, y poco a poco fueron intimando. Archie era un joven subteniente del cuerpo de artillería británico cuya brigada acababa de establecerse en Exeter. Su sueño, sin embargo, no era servir como soldado, sino convertirse en piloto del Real Cuerpo Aéreo. Como la mayoría de sus compatriotas, Agatha también estaba sorprendida con los progresos de la aviación, que había convertido en realidad una de las mayores fantasías del ser humano. En 1911 había volado en uno de esos aviones que había disponibles en ciertas ciudades y en los que, pagando una considerable suma de dinero, se tenía derecho a dar un paseo. Clara desembolsó gustosa lo que para su condición de viuda era una pequeña fortuna y observó desde tierra a Agatha mientras se convertía en una de las primeras personas en surcar los aires. No resulta difícil imaginar el respeto y la admiración que podía causar en ella alguien que quería hacer de aquella pasión su profesión.

A pesar de la incuestionable atracción que sentían el uno por el otro, los dos jóvenes poseían personalidades muy diferentes. Sin embargo, este hecho, en lugar de disuadir a Agatha, avivaba su deseo de conocer más a Archie. Tal y como lo describiría en sus memorias, él representaba «la excitación de lo extraño».

Un día, tres meses después de haberse conocido, mientras tocaban juntos el piano en Ashfield, Archie no pudo soportar por más tiempo la idea de que aquella extraordinaria mujer estuviera comprometida con otro hombre y le rogó que aceptara casarse con él. Agatha había rechazado muchas proposiciones antes, pero en esa ocasión no supo qué responder. Peor aún: en el fondo, sí sabía la respuesta, pero no tenía más remedio que declinar la propuesta por respeto al compromiso adquirido con Reggie. La naturaleza impulsiva de Archie lo empujó a repetir su proposición en diversas ocasiones, y Agatha poco a poco empezó a fantasear con la idea de casarse con ese impetuoso hombre, hasta que finalmente se decidió por él. Si bien el matrimonio era el camino más habitual para una joven de su edad, el candidato escogido no era un pretendiente tradicional. Tras haber rechazado a una larga lista de hombres que encajaban a la perfección con el perfil de prometido ideal, según los criterios de su madre y de cualquier miembro de su clase, el corazón de Agatha se decantaba por lo inusual. Probablemente por eso, la noticia de su compromiso resultó tan dolorosa para Reggie, tal y como le hizo saber a Agatha en una de sus cartas:

> Claro que ha sido un golpe duro para mí, Agatha, saber que te casas con un tipo más pobre aún que yo. Si te casaras con un rico que te conviniera, no importaría tanto, pues te lo mereces todo.

En efecto, Archie no tenía dinero ni perspectivas de tenerlo. Era un hombre decidido, que sabía lo que quería y perseguía sus sueños sin temor a las consecuencias, saltándose las convenciones sociales cuando así lo creía conveniente. Archie era libre. Y este espíritu era lo que encandilaba a Agatha, quien lo describiría con estas palabras en sus memorias:

> Era fiel a su temperamento. [...] Tenía esa actitud feliz de ir por la vida sin tener el menor interés en lo que los demás pensaran de él o de sus pertenencias: su mente se centraba tan solo en lo que él quería.

No obstante, la impaciencia de Agatha por casarse con Archie nada podía contra la lógica argumentación de Clara. ¿De qué pensaban vivir? Ella solo tenía una pequeña renta de cien libras anuales. Además, el Real Cuerpo Aéreo alentaba a sus jóvenes pilotos a permanecer solteros, pues las probabilidades de estrellarse no eran desdeñables y la institución no quería dejar —ni mantener— jóvenes viudas en tierra. La pareja tuvo que posponer la boda, pero no por eso se desanimaron.

Agatha estaba segura de que Archie lograría un rápido ascenso en la aviación, y él mismo compartía esa opinión.

Sin embargo, la distancia terminaría por hacer mella en los dos enamorados. Durante el siguiente año y medio, ambos rompieron el compromiso de forma dramática en varias ocasiones, llevados por la incertidumbre de un futuro que no parecía ofrecerles ninguna oportunidad de estar juntos. Pero nunca tardaban demasiado en arrepentirse. Agatha y Archie tenían entonces veintidós y veintitrés años y no podían concebir un panorama más desolador que el de estar separados.

∽∾

De pronto, como si de un boomerang se tratara, la guerra retornó al continente que tantos conflictos bélicos causaba en el extranjero. Durante las últimas décadas del siglo XIX, las relaciones políticas habían moldeado el planeta para beneficio de Europa. Las potencias continentales explotaban económicamente sus territorios de ultramar y veían cómo su riqueza aumentaba mientras varias olas migratorias dispersaban las comunidades de ciudadanos europeos por diversos rincones del planeta. La competencia militar y la tensión imperialista habían dado lugar a un delicado equilibrio de alianzas entre las principales potencias europeas que se quebró por completo tras el asesinato del archiduque de Austria-Este Franz Ferdinand el 28 de junio de 1914. Este atentado prendió la mecha de la Primera Guerra Mundial, el conflicto bélico más sangriento que la humanidad había conocido hasta la fecha.

Agatha, como muchos de sus compatriotas, jamás habría imaginado que la guerra llegaría algún día a afectar a

Inglaterra, pues por aquel entonces ese tipo de conflictos sucedían siempre fuera de sus fronteras.

En 1914 no había habido guerra desde hacía ¿cuánto tiempo? ¿Cincuenta años? ¿Quizá más? Es verdad que se había librado la Gran Guerra de los Boers y algunas escaramuzas en la frontera noroeste, pero no habían implicado a todo el país: eran solo grandes ejercicios bélicos, para mantener el poder en lugares lejanos.

Además, el estado de bienestar que había caracterizado al reinado de Eduardo VII, finalizado en 1910, todavía seguía vigente entre la alta sociedad inglesa, que durante una década solo se había preocupado de refinar las actividades de ocio y disfrutar de las doradas tardes de verano en sus casas de campo. Pero no toda la sociedad inglesa había gozado de la prosperidad del imperio en aquellos últimos años. Durante esa década, los grupos sufragistas habían empezado a organizarse para reclamar el derecho a voto de la mujer, y también lo habían hecho los sindicatos de trabajadores de la industria textil y de la minería, que comenzaron a agitar las calles exigiendo una mejora en los salarios. Sin duda, la fortuna del Imperio británico no había sonreído a todos por igual. El inicio de la Primera Guerra Mundial vendría a remover los cimientos de una clase acomodada que no había sido consciente del cambio vertiginoso que se estaba fraguando en la sociedad de su país y que cambiaría el antiguo orden que había imperado en Inglaterra durante el siglo anterior.

Con el corazón encogido por la noticia de un conflicto que iba a acabar con el mundo tal y como ella lo había conocido, Agatha debía afrontar también la marcha al frente de su prometido. Archie se había comunicado con ella mediante un telegrama para pedirle que se encontraran en Salisbury, pues el cuerpo de aviación iba a ser movilizado muy pronto. Recorrer los más de ciento setenta kilómetros que separan Salisbury de Torquay no era una tarea nada fácil en aquel momento. Aunque la guerra no había alcanzado aún suelo inglés, la tensión y el miedo se respiraban en el ambiente, los trenes circulaban llenos a rebosar de viajeros nerviosos que se abrían paso a la fuerza y los bancos permanecían cerrados a cal y canto. Aun así, Agatha no se planteó en ningún momento quedarse en Torquay: debía ver a Archie antes de que partiera al frente, pues temía que ese fuera su último encuentro.

Agatha acudió a reunirse con su prometido en el hotel County, donde apenas estuvieron juntos media hora; ninguno de los dos habló de la guerra. Sabía que Archie se dirigía a una muerte casi segura: los aeroplanos eran ya bastante inseguros de por sí, tanto que muchos de los pilotos se estrellaban sin necesidad de entrar en combate, simplemente durante las prácticas de vuelo.

Archie mostró una actitud despreocupada. También él era consciente de que su destino era bastante aciago, pero abordaba la situación con la fingida indiferencia de un perfecto caballero inglés, como si dejarse atrapar por la muerte fuera un gesto demasiado prosaico para él. Agatha se ahorró decirle que aun así percibía su miedo. De ese modo, el 12 de agosto de 1914, apenas ocho días después de que Inglaterra declarase la guerra a Alemania, Archie partió hacia Francia, aliada de Inglaterra, pensando que su ángel, como solía llamar a Agatha en sus cartas, esperaría tranquilamente en Ashfield su vuelta a casa, segura de su regreso.

Serás muy valiente, ¿verdad, ángel? Va a resultarte muy duro quedarte sentada en casa sin hacer nada, y puede que también tengas problemas de dinero, pero seguro que todo irá bien si nos mantenemos firmes, y yo siempre te querré más que a cualquier cosa en el mundo.

Si Archie se engañaba pensando que había logrado ocultar sus temores a Agatha, aún iba más desencaminado al suponer que ella se quedaría de brazos cruzados en Ashfield sin tomar parte de algún modo en el dramático conflicto que vivía el país. Los bailes lujosos, las clases de piano y los eventos sociales quedaban atrás y se le antojaban espejismos de otra vida con la que no podía identificarse en ese momento. Aunque no se había implicado en los movimientos sociales que agitaban el país, no estaba dispuesta a quedarse al margen de una contienda tan cruel mientras su prometido se jugaba la vida. Estaba decidida: no vería pasar la guerra desde un cómodo salón del té.

En 1913, un año antes de que estallara el conflicto, Agatha había asistido a clases de enfermería y primeros auxilios, así que enseguida supo dónde podía desempeñar un trabajo útil: en el destacamento de enfermería de Torquay. Se inscribió como voluntaria y se dispuso a esperar junto a las demás enfermeras a los primeros heridos. Mientras aguardaban la llegada del primer barco médico, empaquetaban vendajes para poder atender al gran número de soldados que desembarcarían en el puerto. Por suerte, Agatha sabía que entre los primeros heridos no se encontraba Archie, ya que había recibido una postal de su prometido pocos días antes.

Agatha se entregaba siempre con vocación a
sus responsabilidades, con independencia
de su naturaleza. En la imagen, Agatha
(atrás, la tercera por la izquierda) junto a sus
compañeras y algunos soldados en el hospital
de Torquay en las navidades de 1914.

No obstante, cuando llegó el momento de entrar en acción, muchas de sus compañeras no pudieron ocupar el soñado puesto de enfermera, pues el número de mujeres que se habían presentado voluntarias era abrumador. Las reivindicaciones del movimiento sufragista habían ido calando lentamente entre la población femenina. En 1907, más de tres mil mujeres se habían manifestado en las calles de Londres para pedir el sufragio femenino y, aunque el objetivo no se conseguiría hasta el año 1928, habían contribuido a crear entre las mujeres de principios de siglo la conciencia colectiva de que el país les pertenecía. Pero ¿cómo podía una mujer ser protagonista de una guerra a principios del siglo xx? La respuesta la había dado Florence Nightingale, fundadora de la primera escuela laica de enfermería, que impulsó el reconocimiento definitivo de la profesión y, en tiempo de guerra, convirtió esta labor en algo heroico.

En el hospital no solo se necesitaban enfermeras, también faltaba personal de limpieza y cocina y doncellas de pabellón. Las seleccionadas para el ambicionado puesto sanitario fueron mujeres de mediana edad, pues se las consideraba más resueltas que las soñadoras jóvenes sin experiencia. Pese a la cantidad de vacantes disponibles en otros puestos, limpiar letrinas y cocinas no encajaba con el relato épico que había llevado a gran parte de las aspirantes a las puertas del hospital, y muchas abandonaron. Agatha, sin embargo, aceptó orgullosa el puesto de doncella de pabellón y se ocupó en limpiar y fregar afanosamente desde el primer día. Nunca había tenido medida cuando se volcaba en un proyecto: ya fuera tocando el piano, rellenando un folio en blanco o, ahora, ocupada en las instalaciones del hospital de Torquay: Agatha trataba invariablemente de dar lo mejor de sí misma. Cinco días después de empezar a trabajar, ya la habían trasladado al pabellón de heridos. El motivo, muy probablemente, tuvo que ver con su tesón, pero también con el hecho de que muchas de aquellas voluntarias a las que se les había presupuesto un mejor aguante por su edad habían reculado ante los vómitos, los orinales y el hedor de las heridas. Tal y como Agatha reflejaría en su biografía con su habitual sentido del humor, ser enfermera, como ser soldado, poco tenía que ver con la imagen ideal que la propaganda bélica había diseñado:

> La huida de las mujeres de mayor edad se aceleró por el hecho de que los primeros casos venían directamente de las trincheras [...] con las cabezas llenas de piojos. La mayoría de las damas de Torquay no habían visto un piojo en su vida —yo tampoco los había visto nunca— y la impresión que les causaban esos horribles bichos era demasiado para ellas. Las más jóvenes y fuertes, sin embargo, no nos dejamos impresionar. Con frecuencia le decíamos a la que venía a reemplazarnos en el cambio de turno: «Ya he hecho todas mis cabezas», en tono alegre y blandiendo un cepillo triunfalmente.

Entre las camillas del hospital, guiada siempre por la paciencia y determinación de las enfermeras más experimentadas, Agatha fue descubriendo poco a poco los entresijos de la medicina, una ciencia que a ojos inexpertos era todo un misterio. Los enigmas más sencillos, como el de la esterilización, no hicieron sino acrecentar su interés por esta disciplina, pues comprobó que una bacteria invisible podía ser más letal que la daga más afilada. Por su cabeza rondaban miles de preguntas sobre el contagio de enfermedades y los tipos de virus e infecciones, pero no se atrevía a formularlas, ya que desde su llegada había podido comprobar que aquellos doctores que se deshacían en galanterías en el salón de su casa no tenían el menor respeto cuando las mismas mujeres se encontraban en su esfera más cercana y sometidas jerárquicamente a ellos. Era obvio que el trabajo de enfermería al que con tanto empeño se dedicaba no recibía el merecido respeto por parte de los médicos del hospital:

> Tuve que aprender a estar atenta, a ser una especie de vehículo portatoallas, esperando servilmente mientras el doctor se lavaba las manos, se las secaba con la toalla y, sin pensar en devolvérmela, la tiraba desdeñosamente al suelo.

Pero que no estuviera permitido preguntar directamente a los facultativos no significaba que Agatha no pudiera tomar nota de sus procedimientos. Apenas un mes después de poner un pie en el hospital por primera vez, muy pocos procedimientos le resultaban ya ajenos. La esterilización no tenía secretos para ella, sabía qué tipo de fórceps era el adecuado para las prácticas más comunes y reconocía rápidamente los síntomas de ciertas enfermedades. Trabajar rodeada de enfermos y heridos era un cambio drástico para una mujer de su clase, pero Agatha supo hacer uso de ese gran aplomo que sacaba a relucir cuando el rumbo de su vida viraba sin previo aviso. La inocente joven que había crecido entre trajes de tafetán y bailes de gala se ocupaba ahora de tareas de naturaleza muy diferente, y lo hacía con gran serenidad y entrega. A lo largo de cuatro años invirtió tres mil cuatrocientas horas de trabajo en el servicio británico de la Cruz Roja, y presenció en primera persona las consecuencias más desgarradoras de la guerra: heridos, enfermos y amputados desfilaban cada día por las camillas del hospital mientras la aprendiz de enfermera se desenvolvía entre todos ellos con sorprendente seguridad, ya fuera vaciando orinales o asistiendo en los quirófanos. Era capaz de empatizar con los soldados convalecientes —a quienes ayudaba a escribir emotivas cartas a sus familiares— y de bromear sobre las tareas más tediosas de su trabajo. La enfermería le había abierto las puertas a una profesión que, además de permitirle auxiliar a sus compatriotas, le resultaba inesperadamente apasionante. Tal y como ella misma confesaría más adelante, el camino que había empezado como voluntaria podría haber desembocado en una gratificante carrera profesional. Su máquina de escribir, sin embargo, le deparaba un futuro alejado de los quirófanos.

∽∾

La incertidumbre sobre el compromiso que había marcado desde el inicio su relación con Archie se desvanecía a medida que la realidad se hacía más intensa y urgente. Agatha deseaba estar junto a su prometido, y ese sentimiento prevalecía sobre todos los miedos que las futuras nupcias con el joven piloto habían despertado no solo en ella, sino también en su entorno. A los pocos meses de iniciada la guerra, Agatha decidió no posponer su boda ni un día más, pues, sencillamente, no sabía si la vida le brindaría una segunda oportunidad para reencontrarse con su futuro marido.

Tres días antes de la Nochebuena de 1914, Archie volvió del frente. Acompañada por su madre, Agatha viajó ilusionada a Londres para reencontrarse con él y empezar a organizar su enlace, pero cuando al fin se reunieron, se dio cuenta de que los añorados cabellos rubios de Archie enmarcaban ahora el rostro de un perfecto desconocido. Solo habían pasado cuatro meses, pero el mundo que conocían había sido destruido y reducido a escombros. Y lo que era más importante, la imagen que ambos tenían de la vida había corrido la misma suerte, fracturándose en mil pedazos. Agatha había padecido la espera, había perdido amigos y tratado con enfermos de todo tipo, mientras que Archibald había lidiado con el miedo, la derrota y la fragilidad de la vida humana, que se quebraba súbitamente. Él, el *gentleman* que lograba dominar un salón entero con el magnetismo de su sola presencia, se había visto obligado a huir del enemigo pilotando un avión de combate, y la percepción que tenía de sí mismo había cambiado drásticamente. Tal fue el sentimiento de extrañeza que embargó a Agatha en ese esperado reencuentro que, años más tarde, aún lo recordaría vivamente:

Su decidida despreocupación y ligereza —casi jovialidad— me molestó. Entonces era demasiado joven para comprender que, para él, era la mejor forma de enfrentarse con su nueva vida. Yo, en cambio, me había vuelto mucho más seria y emotiva, abandonando la ligereza de jovencita feliz. Era como si quisiéramos alcanzarnos el uno al otro y descubriéramos, casi con desaliento, que habíamos olvidado cómo hacerlo.

Agatha partió rumbo a Clifton, el hogar de la madre de Archie y su padrastro, junto con ese prometido que, súbitamente, se había convertido en un desconocido. La inminente celebración de la Navidad en medio de una sangrienta guerra y la fugacidad de la visita de Archie no facilitaban la decisión sobre su boda. Agatha contempló desolada cómo desde casi el primer minuto de convivencia se encadenaban las discusiones y los desencuentros. Finalmente, un día, en mitad de la noche, Archie recuperó la impetuosidad que lo había caracterizado en los primeros tiempos: ella tenía razón, le espetó. Debían casarse cuanto antes. Aunque Archie no quería dejar tras de sí una joven viuda, quizá embarazada, tampoco deseaba esperar a que la guerra le arrebatara la posibilidad de desposarse con la mujer a la que amaba. Agatha era consciente de que celebrar una boda así, de repente, sin que ni siquiera su madre lo supiera, iba en contra de todas las reglas morales de la época, pero también sabía que aquella podía ser su única oportunidad. Debían casarse, aunque ello significara transgredir todos los límites y convenciones.

El día de Nochebuena, la escritora se despertó dispuesta a enfrentarse a una frenética carrera de obstáculos para lograr celebrar el enlace ese mismo día. ¿Dónde podían conseguir una licencia matrimonial? ¿Cuánto costaba? ¿Quién oficiaría la boda? Sin perder un segundo, preguntaron a vicarios y abogados si podían conseguir la licencia de forma inmediata, pero solo recibieron negativas. ¡No podían esperar casarse de improviso en esas fechas! Tras llamar a todas las puertas, Agatha y Archie encontraron el atajo burocrático que los convertiría en marido y mujer, pero cuando creían tenerlo todo a punto para celebrar el enlace, el párroco les señaló que todavía les faltaba un testigo. Con la misma celeridad con la que había recorrido las calles de Clifton durante todo el día, Agatha salió de la iglesia dispuesta a convencer a un transeúnte cualquiera para que la acompañara en tan señalada fecha. Curiosamente, al poner un pie en la calle se topó con el rostro de una antigua conocida, Yvonne Bush, que accedió extrañada a la precipitada petición de la novia. Así, el que supuestamente debía ser el momento más solemne para una mujer de la clase de Agatha, se decidía, organizaba y llevaba a cabo en menos de veinticuatro horas. La propia novia recordaría en sus memorias la imprevista boda con estas palabras:

> Corrimos de vuelta a la iglesia. El organista estaba allí ensayando y se ofreció a tocar una marcha nupcial. A punto de iniciarse la ceremonia, pensé un momento en qué novia se habría preocupado menos por su aspecto. Ni vestido blanco, ni velo, ni un solo detalle elegante. Llevaba un abrigo corriente, una falda y un pequeño sombrero de terciopelo púrpura, y ni siquiera me había lavado las manos o la cara. Archie y yo nos reímos.

Enfundada en el mismo traje con el que había recorrido todos los rincones de Clifton, Agatha Miller pasó a llamarse Agatha Christie, nombre con el que firmaría los libros que la convertirían en la escritora más vendida de la historia.

‿⁓

El repiqueteo de las ametralladoras y los fusiles de repetición seguían retumbando en los oídos de los soldados que se adentraban en el frente de batalla. En 1915, el final de la Gran Guerra aún quedaba lejos, aunque la mayor parte de la población civil, incluida Agatha, jamás habría pensado que el conflicto se prolongaría durante tres años más. Por aquel entonces,

Agatha pasaba la mayor parte del tiempo separada de su marido, pues a Archie tan solo le concedían dos o tres días de permiso muy de vez en cuando. Al enterarse de que, a causa de una sinusitis, Archibald ya no podía pilotar y había quedado al mando de una base en tierra, en Francia, Agatha enseguida se propuso reunirse con él. Sin dudarlo, fue a París, a pesar de que Francia sí tenía frontera terrestre con Alemania, y la capital del país, a diferencia de Torquay, era un objetivo prioritario, como bien demuestran las doscientas sesenta y seis bombas que se estima que cayeron en la ciudad durante el conflicto. Aun así, el peligro no la detuvo: con veinticinco años, estrenando un nuevo apellido, Agatha se mudaba de nuevo a París.

Sin embargo, sus planes para establecerse en la ciudad de la luz se vieron truncados rápidamente: al poco tiempo se anunció que las licencias que se otorgaban en Francia a cualquier ciudadano para viajar a Inglaterra quedaban restringidas. Ante la complicada disyuntiva de quedarse cerca de su esposo o regresar a su país, una sola idea acudió a su mente: el hospital de Torquay. Por dura que fuera para Archie y para ella la desoladora posibilidad de no volver a verse, Agatha sentía que debía volver al lugar donde realmente era necesaria. Había desarrollado una gran habilidad y ampliado tanto sus conocimientos que, simplemente, habría sido una traición para ella quedarse al margen del conflicto.

A su regreso la aguardaba una sorprendente noticia que ejercería una gran influencia tanto en su vida como en su futura obra: habían abierto un dispensario en el hospital, al frente del cual se encontraban la señora Ellis y Eileen Morris, una amiga de Agatha. Eileen se convertiría en una excelente profesora de química para ella, pues poseía el raro don de transmitir sus conocimientos de forma ordenada, pasando de los conceptos más simples a los complejos.

A diferencia de su trabajo como enfermera, las tareas del dispensario eran mucho más monótonas y rutinarias, pues ya no debía lidiar de forma directa con los pacientes. Aunque supo desde un primer momento que no podría dedicarse a aquella labor durante mucho tiempo, aprovechó la ocasión, como siempre, para formarse y aprenderlo todo sobre los compuestos químicos que la rodeaban en su trabajo. Quizá ese era el verdadero talento de Agatha: la vida le despertaba tanto interés que siempre descubría el modo de sacarle brillo.

Desde el primer día le gustó estar rodeada de plantas, ungüentos y venenos. Sentía el mágico poder que se escondía tras esa sinfonía de olores y texturas, de morteros y pipetas. Sobre todo, le fascinaba la sutil distancia que separaba la vida y la muerte, a veces cifrada en una mínima diferencia de dosis. Pronto se dio cuenta de que, aunque la mayoría de los médicos prescribían un fármaco idéntico para la misma enfermedad, no lo hacían en las mismas proporciones. Agatha iba tomando nota de los componentes químicos y de los efectos, misteriosamente distintos, que provocaban en cada paciente. Bismuto, yodopsina, polvos de bromuro, loción hipoclorosa... Las largas listas de componentes químicos que elaboraba en las horas muertas del dispensario avivaron en ella la idea que había tenido que dejar de lado durante tanto tiempo: retomar la escritura de la novela de misterio con la que su hermana la había retado. El veneno era el arma perfecta para escribir una trama en la que la víctima apareciera en una habitación cerrada, pues arreglaba el problema de que el asesino fuera el último en ver a la víctima con vida. El interés científico que ya sentía hacia la química se disparó al converger con su pasión literaria. Y esa confluencia entre los conocimientos que iba adquiriendo en el dispensario y su gran imaginación dio pie a una etapa de gran efervescencia creativa que la acompañaba allá donde estuviera, ya fuera preparando medicamentos o tomando el tranvía.

Pero antes de poder plasmar sus ideas sobre el papel, Agatha necesitaba dar un paso más en su formación médica, así que comenzó a preparar los exámenes que le permitirían convertirse en auxiliar de farmacia. Las prácticas de este curso se realizaban en un dispensario diferente, fuera del hospital. Si quería pasar el examen, aparte de los nuevos conocimientos de química y matemáticas que debía adquirir para preparar fórmulas y dosis, tenía que familiarizarse con el sistema decimal. Agatha, que había demostrado con creces su capacidad para dominar disciplinas tan dispares como la música y la química, no tenía mayor problema con los cálculos matemáticos, pero le aterraba cometer un error con el sistema decimal, porque, si lo hacía, «multiplicaba por diez la dosis».

Pronto, desgraciadamente, vería confirmados sus peores temores. Un día, el farmacéutico que la formaba le enseñó a preparar una remesa de supositorios como ejercicio práctico para el examen. Una vez listos, le enseñó a meterlos en cajas y, tras escribir el nombre del medicamento en una etiqueta, dejó el material sobre la mesa. Acto seguido, abandonó la estancia sin volverse para mirar a la aprendiz. Si lo hubiera hecho, se habría encontrado con la cara de estupefacción de

Agatha, que no podía dejar de hacer cálculos en su cabeza mientras observaba fijamente lo que el farmacéutico había escrito en las cajas: «solución del uno por cien». Apenas se encontró sola, tomó un lápiz y papel y revisó las cuentas: en efecto, la dosis que el farmacéutico había introducido en los supositorios era del diez por cien. Pero ¿cómo decírselo? Su experiencia con el carácter arrogante de los médicos era bastante larga. Además, ella era una simple jovencita que trataba de pasar un examen, mientras que él era el profesional más importante de la ciudad. Cuando el farmacéutico volvió para pedirle que guardara la caja en el almacén, Agatha supo exactamente cómo reaccionar para que nadie sufriera daños en esa escena: ni el ego del doctor, ni un futuro paciente, ni su relación con el que debía seguir siendo su maestro. Antes de que los supositorios se enfriaran, se agarró a la mesa en la que reposaban y cayó estrepitosamente sobre ellos.

—¡Lo siento muchísimo! —exclamó, fingiendo estar embarazada—. He tropezado sin querer.

—No pasa nada, pequeña —respondió el farmacéutico con condescendencia mientras le daba golpecitos en la espalda—. No se preocupe.

Como si de un rompecabezas literario se tratara, la astuta mente de Agatha había sabido analizar con todo detalle la situación y había encontrado el mejor modo de encauzarla. En otra ocasión, descubrió que aquel mismo hombre llevaba en su bolsillo curare, un elemento inocuo por vía oral, pero que provoca una muerte casi instantánea en contacto con la corriente sanguínea. Al enterarse de ese detalle, Agatha sintió un escalofrío. El farmacéutico confesó que lo hacía tan solo para sentirse poderoso. En aquel momento, Agatha se preguntó si no estaría delante de un futuro personaje. Ciertamente, ese hombre pelirrojo y rollizo, divertido y de apariencia casi infantil no encajaba con el habitual estereotipo de sospechoso de una novela policíaca. Ese hombrecillo evidenciaba una idea con la que ella fantaseaba desde hacía tiempo: un relato con un criminal inusual podía llegar a ser mucho más aterrador que cualquier historia con un asesino sangriento. La anécdota la impresionó tanto que la conservó en su memoria durante cinco décadas, incorporándola en 1961 a la trama de *El misterio de Pale Horse*.

Sin embargo, la larga sucesión de acontecimientos que sacudirían aquel año 1916 no permitieron que la imaginativa mente de Agatha materializara sobre el papel sus numerosas y fértiles ideas. Aunque su novela latía con fuerza en su mente y la necesidad de escribirla le quemaba las manos, estaba demasiado ocupada preparando su examen. La salud de su madre, además, había empeorado, por lo que no solo debía preocuparse de cuidarla, sino que también recaía sobre ella la responsabilidad de administrar una gran propiedad como Ashfield. Por si fuera poco, el hombre con el que apenas había compartido unos días de matrimonio se enfrentaba a serias preocupaciones que periódicamente le relataba por carta:

Mi querido ángel:

[…] Ayer estuve pegado al teléfono hasta las once de la noche, por lo que hoy no estoy de muy buen humor. He sentenciado a un hombre a veintiocho días de «crucifixión», como lo llaman en el *Daily Mirror*, es decir, a estar atado a un árbol y a sufrir otro tipo de castigos porque se ha negado a trabajar.

El frente estaba lejos, pero la dureza de la guerra seguía muy presente en la vida de Agatha a través de los estremecedores testimonios de Archie, y también en los propios pasillos del hospital. Por aquel entonces, su mente la ocupaban complejas preocupaciones, por lo que el reto de escribir una novela policíaca le resultaba absolutamente trivial. En ocasiones, sin embargo, en los escasos momentos de tranquilidad en el dispensario, cuando se veía rodeada de plantas y venenos y de gente que los consumía, los personajes acudían inevitablemente a su cabeza, uno tras otro. Al principio tenían una fisionomía conocida, como la de un vecino o el farmacéutico, pero poco a poco, Agatha se dio cuenta de que debía empezar a construirlos desde el principio. Para ello, se inspiraba en absolutos desconocidos, buscando rasgos físicos y de expresividad en los transeúntes que se cruzaba por la calle.

Agatha seguía añadiendo más sospechosos a la trama de su novela, un sinfín de ellos, pues no quería que el enigma fuera demasiado fácil de resolver. Sin embargo, sabía perfectamente que un relato de misterio no se sostiene sobre los personajes secundarios que lo pueblan, sino sobre el investigador que resuelve el caso, y ella debía encontrar uno que escapara del prototipo habitual. Las novelas de detectives la habían acompañado durante toda su infancia, ya que entre finales del siglo XIX y principios del XX se habían publicado un gran número de ingeniosas tramas policíacas. En su imaginación revoloteaban los personajes de la novela *Casa desolada* de Charles Dickens, de *El caso Leavenworth*, de Anna Katharine Green, y, sobre todo, Sherlock Holmes, el singular detective que se paseaba por los relatos de Arthur Conan Doyle. Aunque influenciada por el popular investigador, Agatha quería un detective totalmente diferente, que fuera al mismo tiempo extraño y familiar para sus lectores.

> Entonces me acordé de nuestros refugiados belgas. Todo el mundo se comportó con amabilidad y simpatía cuando llegaron. [...] Después se produjo la reacción usual en estos casos: cuando los refugiados no se mostraron lo suficientemente agradecidos [...] empezaron las quejas por esto y aquello. Muchos eran campesinos desconfiados y lo último que deseaban era que los invitaran a tomar el té o que la gente se inmiscuyera en sus cosas; querían que los dejaran solos, bastarse a sí mismos, ahorrar dinero, cultivar su jardín y cuidarlo todo a su manera.

Ese era el perfil que necesitaba: alguien cercano pero a la vez misterioso y reservado. Un investigador diferente, que no se pareciera a ninguno de los que ella había conocido en su infancia. Así nació uno de los detectives más prolíficos de todos los tiempos: Hércules Poirot. El oficial de policía, pensó la escritora entonces, debía estar jubilado. «Aquí sí que cometí una gran equivocación. El resultado es que mi detective de ficción ahora debería rondar los cien años», bromearía tiempo después una sexagenaria Agatha.

La autora dio muestras de su fina ironía y su sentido del humor bautizando con el nombre del forzudo y descomunal héroe mitológico a un hombrecillo pequeño, rechoncho y con bigote que ya había dejado atrás la juventud. Ciertamente, Poirot era la antítesis de lo herculéo, tal y como ella misma lo describiría:

Debía ser meticuloso. [...] Un hombrecito ordenado, clasifican-
do siempre sus cosas, emparejándolas, gustándole más los objetos cuadrados que redondos. Además, sería muy cerebral, con la
cabeza llena de pequeñas células grises.

Agatha le otorgó de este modo a la excentricidad una humanidad en forma de imperfección de la que Holmes carecía. Ambos detectives son muy inteligentes y dominan muchos de los
campos del saber ignorando los sentimientos de las personas
que tienen alrededor. Sin embargo, Holmes nunca llegó a ser
ridículo. Al construir un investigador con un físico caricatu-
resco, Agatha se reservó el derecho a tratarlo con humor.

Con ese protagonista tan bien definido, a la escritora le
era imposible pensar en otra cosa que no fuera su novela. Eso
afectó a su dedicación en otros ámbitos, sobre todo a sus que-
haceres en Ashfield, donde no sentía la obligación de concentrarse. Enviaba las cartas a direcciones equivocadas, respondía
a las preguntas de su madre de forma distraída y olvidaba
muchos de los encargos. Al verla así, Clara pensó que estaba
preocupada por Archie. Y aunque era cierto que Agatha esperaba con ansiedad noticias de su esposo, no estaba dispuesta
a permitir que la incertidumbre la devorara: prefería dedicar
sus energías a una empresa que estuviera dentro del límite
de sus posibilidades. Finalmente, Agatha reveló a su madre
aquello que ocupaba su mente.

—¡Vaya! ¿Una novela de detectives? ¡Fantástico! Tienes
que empezar cuanto antes —respondió al instante.

Agatha rescató la máquina de escribir de Madge y comenzó a buscar momentos a solas para trabajar en su novela, pero

en Ashfield le resultaba complicado. Clara, siempre dispuesta a apoyar las iniciativas de sus hijas, comprendió enseguida que Agatha necesitaba su espacio, y le propuso una estancia de dos semanas, sola, en un hotel en Dartmoor, un hermoso parque nacional a menos de cuarenta kilómetros de Torquay, donde podría escribir sin que nadie la interrumpiera. Agatha aceptó encantada. Una vez establecida, no perdió el tiempo. Trabajaba durante toda la mañana y por la tarde salía a dar un largo paseo, admirando los verdes paisajes rocosos y aireando a sus personajes. Al regresar a su estancia, esbozaba las nuevas ideas para incorporarlas a su novela al día siguiente. Así fue como, durante esas dos semanas, terminó lo que le quedaba del libro.

Cuando tuvo por fin en sus manos el ejemplar transcrito, se lo envió a un editor, que no tardó en devolvérselo junto a una cortés nota de rechazo. Como ya había pasado otras veces, Agatha simplemente se encogió de hombros, desempaquetó la novela que le habían devuelto, la envolvió de nuevo y, sin dudarlo ni un instante, la envío a otra editorial.

∽⌢∾

En 1917, tras casi dos años sin verse, Archie obtuvo un nuevo permiso. En esa ocasión, Agatha podría disfrutar de la compañía de su esposo durante una semana entera, ¡siete días para ellos solos! Bajo la sombra de los manzanos, los dos enamorados gozaron de la compañía mutua resguardándose de la fina lluvia del otoño, exprimiendo cada instante como si pretendieran enmendar todas las horas de ausencia que esa injusta guerra les había robado. En sus largas conversaciones, ninguno de los dos mencionaba el frente o el trabajo en el hospital. Agatha veía cómo la guerra iba haciendo mella en el carácter de su marido, cuyos ojos ya no brillaban con la energía y la despreocupación de la juventud.

Pero Agatha no era proclive a los lamentos. Se sentía plenamente feliz e inmensamente afortunada porque, tras tres años de conflicto, aún podía imaginar el futuro junto a su marido. Haciendo gala de su vivaz carácter, compartió con Archie la ilusión de su nuevo proyecto: su novela policíaca. Este insistió en leerla y quedó fascinado con la historia. ¿Cómo podía ser que todavía no hubiera conseguido publicarla? Estaba extrañado, pues el texto le había atrapado por completo, y le propuso a Agatha que la enviara a un amigo suyo de la editorial Methuen. En esa ocasión, lo único que consiguió la autora fue que la carta que acompañaba la devolución del manuscrito fuera bastante más amable que las anteriores. Tras el enésimo rechazo, Agatha comenzó a dudar de sí misma y de su trabajo y a perder ligeramente las esperanzas. Entonces, cuando estaba a punto de abandonar el manuscrito en un cajón, se acordó de una pequeña editorial, The Bodley Head, que en aquel momento pretendía dar un giro a su línea habitual publicando novelas policíacas. Ese sería su último intento. Envió el original y dio por zanjado el asunto.

Como la escritura no le proporcionaba ningún ingreso, Agatha continuó centrada en aquello que podía convertirse en una profesión y se presentó a los exámenes para obtener el diploma de auxiliar farmacéutica. Las pruebas teóricas no representaron ningún problema, pues responder preguntas en la intimidad de un folio nunca sería una tarea ardua para ella.

*Durante la guerra, Agatha disfrutaba hasta
el último segundo de la compañía de Archie en
sus días de permiso, pues siempre se preguntaba
si ese iba a ser su último reencuentro. En la
fotografía, el matrimonio durante aquellos años.*

Pero cuando tuvo que enfrentarse a la parte práctica, cuando vio los inquisitivos ojos de los examinadores observando todos sus movimientos, el pánico escénico invadió cada célula de su cuerpo. Se le aceleró el pulso, le sudaban las manos y se le resbalaban las pipetas en las que tenía que preparar los compuestos. El resultado fue desastroso. Agatha comprendió entonces que su timidez era un rasgo de carácter más difícil de erradicar de lo que había pensado. Sin embargo, no quiso rendirse tan rápidamente. Guiada tan solo por el pragmático objetivo de trabajar en una farmacia, se presentó por segunda vez ante esas hieráticas figuras con bata que la examinaban y logró dominar sus nervios. El ansiado diploma era suyo.

No obstante, antes de que pudiera plantearse su futuro en el dispensario, sucedió algo inesperado: Archie volvió a casa. Habían destinado al ya coronel al Ministerio del Aire, en Londres. De repente, después de tres años casada, Agatha tenía que hacer frente a la verdadera vida marital, con todo lo que eso conllevaba: encontrar piso, trasladarse a la ciudad, manejar una casa, convivir con Archie… Adoraba la idea de iniciar por fin una vida junto a su marido, y era feliz en su pequeño apartamento, pero también se sentía desubicada. En la ciudad, apenas tenía amistades, y Archie pasaba la mayor parte del día en el trabajo. Después de haber ocupado sus últimos años asistiendo a soldados heridos que se debatían entre la vida y la muerte, después de haber estudiado Química y elaborado complejos compuestos farmacéuticos, ahora debía consagrar sus esfuerzos a intentar que, pese a la cartilla de racionamiento, un carnicero le proporcionara la carne suficiente para preparar un asado que su marido a veces ni siquiera apreciaba.

Para que esa sensación de vacío no la anegara por completo, Agatha se matriculó en unos cursos de taquigrafía que, de paso, le servirían para transcribir sus propios manuscritos. Fue precisamente durante una de estas clases, el 11 de noviembre de 1918, cuando su profesor interrumpió la lección para darles una noticia inesperada. Alemania, la principal potencia del bloque enemigo, había firmado el armisticio. La guerra había terminado. Agatha apenas podía creerlo. Anonadada, salió a la calle y contempló una escena que, irónicamente, describió en sus memorias como algo bastante aterrador:

> Por todas partes había mujeres bailando en las calles. […] Estaban todas riendo, gritando, arrastrando los pies, saltando en una salvaje orgía de placer, de placer casi brutal. Daba miedo. Me imaginaba que, si aparecían por ahí unos alemanes, las mujeres los despedazarían en cuestión de segundos.

Para Agatha, el fin de la guerra llegaba de un modo casi tan repentino como el propio inicio del conflicto. Poco a poco, la normalidad de un país que no vive bajo la amenaza de las armas regresó a los hogares de las familias inglesas. Ese día, Agatha volvió a casa extasiada por la noticia, sin sospechar que en su interior se gestaba otro cambio que alteraría por completo su vida.

~~

La única hija de Agatha Christie llegó al mundo el 5 de agosto de 1919. Tras un alegre pero nauseabundo embarazo que fue «como un viaje en barco de nueve meses», Agatha sostenía en sus brazos a Rosalind, el hermoso bebé que Archie y ella tanto habían esperado. Durante los años de la guerra, cada vez que su marido volvía al frente después de una estancia en casa, la escritora descubría desilusionada que no mostraba signos de gravidez. Por eso tanto ella como Archie habían recibido la noticia del embarazo como una grata sorpresa. Ahora las puertas del misterioso y desconocido camino de la maternidad se abrían ante ella.

En menos de un año, el mundo de Agatha había experimentado un giro de ciento ochenta grados. En 1918 trabajaba en un hospital preparando medicamentos potencialmente peligrosos mientras escribía una novela. Ahora se había trasladado con su marido a Londres, donde, tras el armisticio, Archie había encontrado trabajo en una de las empresas de la ciudad. Con la ayuda de una niñera, Agatha se ocupaba de Rosalind y de otros menesteres más mundanos. Tras un largo proceso de búsqueda de la residencia adecuada para su recién estrenada familia, Agatha logró alquilar un apartamento más espacioso. Era algo caro y necesitaba arreglos, pero la guerra había terminado, acababan de tener una hija y, al fin, después de siete años, podían vivir el uno junto al otro: las estrecheces económicas no les preocupaban. Entonces, mientras el planeta entero intentaba recomponer un nuevo mundo con los pedazos del anterior, recibió una carta. Era de la editorial The Bodley Head: querían hablarle de su manuscrito, *El misterioso caso de Styles*.

Agatha acudió a la reunión en la editorial llena de esperanzas: la carta era una muy buena señal, y no se equivocaba. John Lane, el editor, estaba interesado en publicar su novela, pero quería realizar algunos cambios en el texto. A Agatha no le importó en absoluto: solo quería ver su libro publicado. El señor Lane empezó a hablar entonces de problemas comerciales, de lo difícil que sería publicar la novela de una desconocida y del riesgo económico que suponía para él. Agatha seguía su discurso sin darle importancia: no había pensado hacer dinero con su libro, se conformaba con que se lo publicasen. Ni siquiera cuando el editor le dijo que no vería un solo céntimo de los dos mil primeros ejemplares publicados puso alguna objeción. Tampoco se percató de una cláusula del contrato que tendría consecuencias a largo plazo: la editorial le hacía firmar por cinco novelas más en condiciones similares. En aquel momento, aquello representaba un triunfo para Agatha. Las cinco novelas de las que le hablaba le parecían una fantasía: ella no era una escritora profesional. Ni siquiera se planteaba serlo. Se había desafiado a sí misma a escribir un libro de misterio y lo había conseguido.

Rebosante de felicidad, regresó a casa, donde le contó a Archie su gran logro, y ambos fueron a celebrarlo al Palais de la Danse de Hammersmith. Aunque la feliz pareja decidió festejarlo a solas, Agatha escribió en sus memorias que aquella noche había tres personajes sentados a la mesa, y solo uno de ellos la acompañaría el resto de su vida: «Hércules Poirot, mi invención belga, colgaba de mi cuello firmemente agarrado como un viejo lobo de mar».

3

UN GIRO INESPERADO

En la vida es necesario
correr ciertos riesgos.

AGATHA CHRISTIE

La vida de Agatha siempre estuvo llena de aventuras que inspiraron todas sus historias dotándolas de una originalidad inigualable. En la imagen de la página anterior, Agatha a punto de embarcar en el RMS Kildonan Castle *en enero de 1922.*

Al finalizar la guerra, Agatha descubrió que necesitaba poner en práctica nuevas habilidades para adecuarse a la normalidad que los días de paz traían de vuelta. La década de 1920 había sumergido a la sociedad inglesa en un período bullicioso en el que los valores del pasado victoriano y los del nuevo futuro moldeado por la Revolución Industrial pugnaban por imponerse. Los soldados que habían vuelto del frente se habían reincorporado al trabajo y muchas mujeres casadas se habían visto obligadas a dejar sus empleos y regresar al hogar —pese a haber desempeñado todo tipo de oficios durante el conflicto— para que sus maridos u otros excombatientes ocuparan sus puestos. Aunque el cambio había resultado realmente brusco tanto para Agatha como para muchas de sus compatriotas, la camaleónica escritora había logrado adaptarse con relativa facilidad a su vida de casada. Además, con su primer libro recién publicado bajo el brazo, sentía más que nunca que podía afrontar cualquier desafío que se propusiera.

Mientras el Imperio británico se enfrentaba al reto de saldar la altísima deuda económica que había contraído dutante la Gran Guerra, la familia Christie libraba su propia batalla doméstica para conseguir mantenerse a flote. Tras la muerte de la abuela materna de Agatha, la encargada de cubrir los costes de Ashfield, mantener la mansión y sufragar los gastos de la familia parecía una tarea tan imposible que Archie llegó a plantear la posibilidad de vender la casa. Agatha, sin embargo, se negó en rotundo a deshacerse de la mansión de su madre, entre cuyas cuatro paredes se encontraban todos los recuerdos felices de su infancia. Archie, que había sabido reconocer el valor literario del trabajo de su esposa en cuanto leyó su primer manuscrito, la animó a seguir escribiendo. El rendimiento de su primera novela estaba resultando insignificante debido a las estrictas condiciones del contrato que había firmado con The Bodley Head, pero a Agatha la idea de Archie le pareció maravillosa. Al poco tiempo, entregó su segundo libro a la editorial y consiguió así algunos ingresos extras.

Archie había renunciado a su puesto en las fuerzas aéreas en el momento oportuno y había logrado encontrar un trabajo en Londres justo antes de que las tasas de desempleo se dispararan y ofrecieran tristes perspectivas de futuro a la juventud inglesa. Al cabo de unos meses, sin embargo, empezó a estar a disgusto en su empresa, pues ofrecía pocas posibilidades de promoción y los ingresos seguían siendo relativamente bajos. Por su parte, Agatha era extremadamente feliz con su matrimonio, Rosalind y su máquina de escribir, pero con frecuencia añoraba los viajes y la libertad que otorgaba una vida sin tantas obligaciones. Poco imaginaba el matrimonio que la persona más inesperada vendría a solucionar ambas inquietudes de golpe.

A Agatha, el mayor Belcher siempre le había parecido un hombre muy peculiar. El antiguo profesor de Archie era un hombre de mediana edad, fanfarrón y extrovertido que tenía «una capacidad asombrosa para impresionar a la gente». Hablaba con tal seguridad de sí mismo que durante la guerra había logrado inventarse el ridículo cargo de «interventor de patatas» para solucionar la gestión y la escasez real de este tubérculo en todo el país (una supervisión innecesaria y con un sueldo excesivamente alto, según las palabras del propio Belcher).

Durante una velada en casa de los Christie, entre el tintineo de los brindis que interrumpía la reposada conversación, el mayor Belcher les hizo una proposición de lo más descabellada. En 1924 se iba a celebrar en Londres la importante Exposición del Imperio Británico, y para organizarla se estaba preparando un viaje alrededor del mundo que serviría para estrechar las relaciones con las colonias y recopilar el material necesario para la exposición. La sinceridad de Belcher, que igualaba a su fanfarronería, lo había abocado a la sensata conclusión de que iba a precisar un asistente para su nuevo trabajo:

—Necesitaré sin falta un asesor financiero que me acompañe en este viaje. Me gustaría que fueras tú, Archie. Agatha podría venir con nosotros, por supuesto. ¿Le gusta viajar, señora Christie?

Agatha apenas podía creer lo que oía. ¡Jamás se había planteado dar la vuelta al mundo! Sudáfrica, Australia, Nueva Zelanda, Canadá... Cada país que Belcher mencionaba hacía que su corazón diera un vuelco, pues siempre había ansiado conocer el mundo más allá de las fronteras de Europa. Tiempo atrás, cuando se había comprometido con Archie, había dado por supuesto que la carrera militar de su esposo la llevaría de un punto a otro del globo. Pero cuando su marido dejó la aviación, supo que su sueño jamás se cumpliría: un hombre de negocios no viajaba a los confines del imperio. Esa era la única frustración que a veces empañaba su felicidad. Ciertamente, escuchar que una persona carente de toda habilidad diplomática como el mayor Belcher iba a encabezar una misión de tal envergadura le resultaba inquietante, pero la oportunidad que les estaba ofreciendo, sin duda, era única: todos los gastos de viaje de Agatha estarían pagados, Archie recibiría un sueldo de mil libras y ambos podrían disfrutar de un mes de vacaciones en Honolulu. Era demasiada buena suerte como para dejarla escapar.

A solas, cuando sus respectivos estados de ánimo se hubieron calmado, Agatha y Archie trataron de sopesar la propuesta con toda la frialdad de la que fueron capaces. Si aceptaban, Archie probablemente perdería su trabajo, pues no podían prescindir de él durante un año. ¿Y Rosalind? Su hija era demasiado pequeña para acompañarlos en un viaje de esas características. A Archie le preocupaba el sufrimiento que les causaría alejarse de su hija, pero nadie de su entorno pensaba que la pequeña, de dos años, fuera a sufrir demasiado con la separación, pues en aquel período postbélico la crianza de un hijo consistía en «proveerlo de todo lo necesario». Y aunque a Agatha la apenaba separarse durante tantos meses de su pequeña, ella misma había pasado su infancia entre niñeras y cocineras que la vestían y preparaban para que luego tomara el té junto a su madre, y esa educación no la había distanciado de Clara. Además, no tenía ninguna duda de que su madre y su hermana Madge se encargarían de criar a su hija tan bien como ella. Así pues, el viaje lo comprometía todo: su trabajo, su futuro y su familia. Era un paso muy arriesgado, pero, tal y como rememoró la propia Agatha, avanzar en el vacío jamás los había atemorizado:

> Nunca habíamos sido prudentes. Insistimos en casarnos a pesar de la oposición encontrada, y ahora estábamos decidos a ver el mundo y correr el riesgo de lo que nos esperaba a la vuelta.

La suerte estaba echada: el mundo los estaba esperando.

~·~

El 20 de enero de 1922, Agatha embarcaba junto a su marido y los otros siete integrantes de la comitiva que Belcher había reunido para la travesía. La mujer que se instalaba en un camarote del *Kildonan Castle* era muy diferente de la joven que había surcado los mares a bordo del *SS Heliópolis* casi quince años antes. En aquella ocasión, en 1907, su madre había tenido que alquilar Ashfield para sufragar los gastos de su puesta de largo. Ahora, aunque tampoco podía presumir de los números de su cuenta bancaria, era ella quien se encargaba de salvar Ashfield de la bancarrota con los beneficios de sus obras. Por eso, en lugar de trajes de debutantes, con ella viajaba su inseparable máquina de escribir. Agatha no podía permitirse descuidar su trabajo durante los diez meses que duraría el viaje: estaba a punto de terminar su tercera novela, *Asesinato en el campo de golf,* y, además, el editor de la revista ilustrada *The Sketch* había quedado tan impresionado con el personaje de Poirot que le había pedido una serie de doce relatos para su publicación, por los que recibiría una generosa retribución.

Acostumbrada a pensar en el viaje como un lujo en sí mismo, una vez a bordo del *Kildonan Castle* se vio sobrepasada por el trato que la esperaba. «Nada, salvo lo mejor, era suficientemente bueno para la Misión de la Exposición del Imperio Británico». Desde que era una mujer casada se había acostumbrado a viajar en trenes de segunda clase, y las comodidades de primera categoría le parecían excesivas. Y aquello solo era el principio: Belcher había logrado organizar un encuentro con el rey Jorge V y la reina Alejandra para hablarles de la expedición y durante la cena les sirvieron muslos de faisán. Poco tiempo atrás, durante los años de la guerra, Agatha habría sido incapaz de imaginar algo semenjante, cuando necesitaba la ayuda de su portera para conseguir que el carnicero le diera un pedazo de ternera insípida. Archie y ella tenían ahora treinta y dos y treinta y tres años, y apenas podían creer el giro que había dado su vida. Tras una década preocupados por su futuro, por fin gozaban de un presente maravilloso.

∽᠃∾

El *Kildonan Castle* avanzaba rumbo a Sudáfrica surcando plácidamente las aguas del Atlántico. Tumbada en su camarote, Agatha se dejaba mecer mientras su imaginación la transportaba a los destinos exóticos de la larga ruta que tenía por delante. De pronto, el estado del mar cambió y la placentera cadencia del barco se convirtió en un desagradable zarandeo. La invadió un sudor frío y las náuseas disiparon de un plumazo las imágenes idealizadas de la expedición que habían nacido en su mente. El mareo se apoderó de ella y Agatha pasó cuatro días en cama en un estado febril, incapaz de retener en el estómago ningún alimento. Esa indisposición que la autora describiría irónicamente en sus memorias le resultaba realmente insoportable: «Pensaba que la única solución factible era quedarme en el barco y esperar mi muerte al cabo de unos días». En el momento más crítico de su malestar tomó la insólita decisión de apearse del barco apenas llegaran a Madeira, la siguiente escala. Eso sí, no lo haría para volver a Inglaterra: su deseo de ver mundo y valerse por sí misma era tal que estaba decidida a establecerse allí.

—¿De qué trabajarás? —le preguntó Archie.

Resultaba extraño que, a esas alturas, Archibald dudara de las capacidades de una mujer que se desenvolvía con la misma facilidad ante un piano, un folio en blanco, una pipeta o un enfermo. Más inesperada aún fue la respuesta de la escritora:

—De camarera, creo que se me dará bien.

Agatha había superado innumerables retos, y su necesidad de ver mundo era tan grande que la idea de quedarse sola en un país desconocido sin ni siquiera dominar la lengua no la asustaba en absoluto. Afortunadamente, tan pronto como hicieron escala en Madeira, el nauseabundo malestar de Agatha desapareció. Sin embargo, el ángel desamparado que Archie aún buscaba en los ojos de su esposa se había desvanecido:

Archibald comprendió al fin que Agatha siempre querría valerse por sí misma. Y eso estaba por encima de todo lo demás.

～

Aquel viaje alrededor del mundo regalaría a Agatha algunos de los recuerdos más coloridos y exóticos de su vida. La expedición colmaba en cada nuevo destino esa sed de aventura y conocimiento que la había llevado a unirse a la misión: la belleza de la silueta de las islas Canarias, el color de las Montañas Azules de Australia, el aroma de las flores carmesí de Ciudad del Cabo, los rugidos de los cocodrilos de Zambia, el tacto de la arena de las playas de Nueva Zelanda, los sabores de las papayas y los mangos de Sudáfrica... Su mente, la misma que le hacía disfrutar por igual de una visita a una fábrica de fruta enlatada sudafricana que a un instituto de ciencia neozelandés, iba atesorando todas y cada una de esas experiencias. De entre las maravillas que tuvo la suerte de contemplar, las cataratas Victoria la impresionaron tanto que, unas tres décadas después de visitarlas, aún las describiría en sus memorias con gran detalle:

> Me alegro de no haber regresado jamás, pues de ese modo mi primera impresión permanece intacta: árboles inmensos; una ligera neblina producida por las cascadas que irradiaba un color imposible; vagabundeos a través de la selva con Archie, mientras de vez en cuando un fragmento del arcoíris iluminaba las cataratas en su gloriosa caída. ¡Sí, para mí, se encuentra entre las siete maravillas del mundo!

*Agatha, osada e inquieta, siempre estaba dispuesta
a probar actividades nuevas. Durante su viaje
alrededor del mundo tomó contacto con el surf,
el deporte que más le apasionó en toda su vida.*

A pesar de la exclusividad y el lujo del viaje, la misión sería una expedición excitante a la par que agotadora. Tras infinitas horas de navegación en barco y traslados en tren o en coche, Agatha debía hacer frente a una lista interminable de compromisos: asistía a cenas con alcaldes y gobernadores, visitaba a los terratenientes ingleses de la zona o acudía a sesiones de apertura del Parlamento. Y cuando creía que su jornada le iba a conceder un poco de tiempo libre, se veía obligada a aceptar la invitación para jugar al bridge con alguno de los matrimonios más aburridos de la misión. Curiosamente, esa timidez que había logrado superar con éxito, pero que emergía aún en las ocasiones más inesperadas, no daba señales de vida. Durante el viaje, la vida social era en realidad parte de su trabajo, por lo que se esforzaba para poner la mejor de sus sonrisas, charlar, arreglarse, cumplir con los protocolos y hacer frente a las conversaciones más aburridas. Eso, para una interlocutora sagaz e hilarante como Agatha, podía ser todo un suplicio. En una carta que dirigió a su madre el 21 de febrero de 1922, describía una de las muchas ocasiones en las que había tenido que compartir mesa con aburridos miembros de la realeza:

> Comida en la Casa del Gobierno. Se anunció nuestra entrada y nos dirigimos al comedor, donde nos esperaban el príncipe y la princesa [...]. Se sucedieron cinco minutos terribles durante los que la princesa y yo intentamos mantener una conversación. Se la conoce en toda Sudáfrica por ser capaz de decir solamente «Ah, sí».

Para el Imperio británico, sin embargo, los esfuerzos de Agatha y del resto de integrantes de la misión por socializar con miembros del Gobierno eran de vital importancia. La expedición tenía un claro objetivo que justificaba su desorbitado presupuesto: reforzar la posición del Imperio en todo el mundo. Las altísimas deudas que arrastraba Inglaterra tras la Primera Guerra Mundial aceleraban vertiginosamente el declive del país como primera potencia económica, posición a la que Estados Unidos se acercaba peligrosamente. La Exposición Mundial de 1924 y la misión a la que se había unido Agatha pretendían no solo reforzar las relaciones exteriores de un imperio que empezaba a tambalearse, sino también suscitar interés en los propios ciudadanos ingleses, que, por aquel entonces, estaban más preocupados por resolver los problemas que sufrían en suelo propio que por la extensión que ocupaba su reino. La propia Agatha, siempre tan dispuesta a respetar la etiqueta y las formalidades, mostraría cierto desinterés por la autoridad de los representantes del Gobierno, olvidando, por ejemplo, mencionar en sus cartas los nombres de sus comensales o tildándolos de personajes tremendamente aburridos cuando su conversación se limitaba a balbucear onomatopeyas.

Curiosamente, uno de los episodios que dejaría en su mente una impronta indeleble no tuvo que ver con sus privilegios como representante del Imperio, sino que se produjo durante una visita al Museo de Ciudad del Cabo junto a la señora Blake, una pasajera de la misión con quien entabló una sincera amistad. Allí, entre reproducciones de *Homo Erectus* y vívidas explicaciones sobre las tribus de bosquimanos que habían logrado resistirse a la colonización europea, Agatha descubrió su nueva pasión: la prehistoria. En la carta que enviaría posteriormente a su madre, relató el paso de los neandertales por África con sumo detalle, extasiada al encontrarse cara a cara con la prueba material de la teoría del origen de las especies de Darwin que tanto había dado que hablar en el siglo XIX. Mientras escribía aquella carta, Agatha sonreía al darse cuenta de lo distinta que era de la joven de dieciocho años que había viajado a Egipto con Clara. Por aquel entonces, mostraba más interés por el críquet que por las pirámides de Egipto, mientras que ahora llenaba páginas enteras describiendo con verdadera fruición la diferencia de la inclinación de la mandíbula en el hombre de Neandertal con respecto a otros homínidos.

A pesar de encontrarse a miles de kilómetros de Inglaterra, Agatha seguía vinculada a su familia a través de esta correspondencia. Escribía largas cartas a su querida madre, detallándole todo lo que veía y lamentándose por no poder disfrutar con ella de los impactantes paisajes y las divertidas anécdotas del viaje. Su insaciable sed por explorar el extranjero la había empujado a unirse a los miembros de la misión, pero la regularidad y el detalle de las cartas que escribía a Clara dejan constancia de lo presente que tuvo a su familia durante todo el viaje. En sus misivas a menudo añadía alguna frase para que Madge o Clara se la leyeran a la pequeña Rosalind:

Seguro que quieres mucho al tío Jim y a la tía Punkie [Madge], pero si alguien te pregunta «¿A quién quieres?», tienes que responder «¡A mami!».

Agatha había dejado a su hija a cargo de Madge; no temía en absoluto por su educación, pero sí porque la mente de Rosalind borrara su recuerdo, de ahí que mencionara tan a menudo a su hija en sus cartas: «A veces me siento extraña cuando veo una cabeza rizada del tamaño de la de Rosalind», le confesaba a su hermana en abril de 1922. El recuerdo de la pequeña no le impedía divertirse, pero sin duda la acompañó a lo largo de toda la expedición.

Después de haber surcado los dos hemisferios a través del océano, no sería la tierra firme, sino el mismo mar que, en ocasiones, seguía produciéndole terribles mareos, el que le descubriría la que estaba llamada a ser una de sus más arrebatadoras pasiones: el surf. La fiebre por este deporte se había apoderado con fuerza de Agatha desde que lo había descubierto en Sudáfrica. Apenas tenía la mínima oportunidad de zafarse de los compromisos diplomáticos, se escapaba con su tabla sola o junto a su marido. Cuando pudieron disfrutar de su mes de vacaciones a solas en Honolulu, Agatha y Archie se dedicaron de lleno a conquistar el mar con sus tablas.

La diversión que ese deporte le proporcionaba compensaba todas las dificultades que debía afrontar para lograr cabalgar una ola: las pesadas y enormes tablas de madera o la fiereza del mar que bañaba las playas de Honolulu no la desanimaban. Las heridas de los pies, llenos de arañazos debido al coral del arrecife, y la frustración que sentía al verse arrojada de nuevo a la orilla por las olas no hacían sino avivar su ardiente deseo por conquistar el mar. Si las llagas de los pies no la detenían, tampoco lo iban a hacer los abrasadores rayos de sol que le habían quemado la piel ni el intenso oleaje que llegó a destrozar su traje de baño. Tras muchos días practicando intensamente con un fino chal que le protegía los hombros en carne viva, logró finalmente cabalgar con éxito su primera ola:

> Era maravilloso. No creo que haya nada comparable: deslizarse sobre las aguas a una velocidad que te parece de doscientas millas por hora, manteniéndote en equilibrio inestable sobre la ola hasta llegar suavemente a la playa y encallar en la arena. Es uno de los placeres físicos más perfectos que haya experimentado nunca.

Tras ese éxito ya no había nada que pudiera bajarla de la tabla, ni siquiera el fuerte dolor que sentía en el hombro y que más adelante descubrió que era una neuritis. La sensación de libertad y control que le proporcionaba el surf hizo que ignorara por completo esa inflamación del nervio:

> Si hubiera sido sensata, me habría cuidado el brazo y dejado el surf, pero nunca se me ocurrió algo semejante. [...] Estuve sufriendo de neuritis, con un dolor casi insoportable, durante tres o cuatro semanas más.

Tanto su salud como su bolsillo saldrían resentidos de esas vacaciones, pero eso no tenía importancia para Agatha: sabía que la gratificante sensación de conquistar el mar la acompañaría durante el resto de la misión y le permitiría afrontar los deberes más tediosos antes de regresar a Inglaterra.

Agatha rememoraría este viaje alrededor del globo como una experiencia excitante que le permitió descubrir una larga lista de rincones a los que antes solo había podido acceder mediante la lectura. Pronto los ecos de esos exóticos paisajes y de los excéntricos personajes de la misión resonarían con fuerza en sus obras y formarían coloridos escenarios donde se desarrollarían algunas de las historias de misterio más leídas de todos los tiempos.

∽◦∾

El 1 de diciembre de 1922, la silueta de un gigantesco barco de más de dos mil pasajeros surcó el horizonte de Southampton dejando tras de sí la oscura estela de vapor que exhalaban sus colosales chimeneas. Tras una intensa experiencia de diez meses, el transatlántico *Majestic* devolvía a todos los miembros de la Misión de la Exposición del Imperio Británico a casa; Agatha, igual que el resto de sus compañeros, se moría por pisar suelo inglés. Al avistar tierra, la escritora se sintió como la protagonista de un relato mágico en el que el tiempo había transcurrido de un modo distinto para todos sus personajes. Los miembros de la misión habían renunciado a su familia durante un tiempo, pero según las propias palabras de Agatha, así era un verdadero viajero: «Como un vikingo o los marinos de la época isabelina, que se han metido en un mundo de aventuras y para quienes el hogar no es el hogar hasta su regreso».

Sin embargo, en ocasiones, el precio que se ha de pagar por el viaje es el de convertirse en un extraño para las personas a las que se deja atrás. Al encontrarse con su hija, Agatha vio confirmadas sus peores sospechas: los ojos que se escondían debajo del rizado flequillo de Rosalind no transmitían emoción alguna. Su hija no los reconocía. Tras mirar a sus padres con indiferencia, la pequeña de tres años solo sabía preguntar por Madge, su tía Punkie. La realidad era demoledora, pero pasado el disgusto inicial, Agatha se preparó para tomárselo con deportividad. ¿Qué otra cosa cabía esperar? Por mucho que se hubiera esforzado en acortar distancias con sus frecuentes cartas, los miles de kilómetros que la habían separado de su hija durante casi un año no iban a desvanecerse por arte de magia, mediante frases cariñosas o *souvenirs* de ensueño. En parte, Agatha pudo encajar el golpe gracias a su visión de la educación, que describió del siguiente modo años más tarde:

> No hay nada más emocionante en este mundo, creo, que tener un hijo que es tuyo y que, a la vez, es un extraño. Tú eres la puerta a través de la que entra en el mundo y lo tienes a tu cargo durante un cierto período, pero después te abandonará y florecerá por su cuenta, en libertad, y entonces solo podrás observar cómo es su vida. Es como una extraña planta que has traído a casa, la has plantado y te resulta muy difícil esperar a ver en qué se convertirá.

Aunque su concepción de la crianza puede resultar llamativa en el siglo XXI, la idea de que un niño es un ser completo en sí mismo en cuya personalidad no se puede intervenir resultaba habitual en la época. La principal preocupación de Agatha en el desarrollo de Rosalind era lograr que su hija tuviera siempre de todo, y en eso centró sus esfuerzos.

Gracias a su naturaleza vital, Agatha logró compaginar la maternidad con muchos de sus sueños e intereses, como viajar alrededor del mundo. En la imagen, con su hija Rosalind hacia 1924.

El viaje había sido un sacrificio que tanto Archie como ella habían aceptado. Ahora tocaba hacerse cargo de las consecuencias: el puesto de su marido en Londres estaba ya ocupado y solo les quedaban las cien libras anuales en rentas que el abuelo de Agatha le había dejado. Archie, sin embargo, no quería ni oír hablar de tocar ese dinero, así que buscó un trabajo con ahínco, pero sus esfuerzos fueron en vano. La escritora podía contar con los beneficios de sus libros, que, aunque no eran unos ingresos fijos, les dejaban algún margen.

Archie no soportaba depender económicamente de su esposa. La rabia y la impotencia que sentía al no lograr encontrar un empleo se avivaban cuando veía que la sociedad por la que se había jugado la vida en la Primera Guerra Mundial no le brindaba ni una sola oportunidad laboral. Poco a poco, su carácter se fue volviendo cada vez más irritable y silencioso, más brusco e imprevisible. La mera presencia de Agatha, la única que podía contribuir a mantener a la familia con sus ingresos, le recordaba su propio fracaso y le resultaba insoportable en muchas ocasiones. La escritora rememoró entonces una advertencia que le había hecho su marido antes de casarse:

> No sirvo para nada, recuerda, si las cosas se ponen feas. No me gusta nada la enfermedad ni la gente enferma, no soporto que la gente sea desgraciada o infeliz.

Con la misma facilidad con la que se había adaptado a las laberínticas relaciones diplomáticas propias de todos los eventos sociales de la Misión, Agatha asumió la compleja situación a la que se enfrentaba tras su regreso de la mejor forma que supo: distanciándose de Archie. Hablaba con él solo cuando era imprescindible y observaba, extrañada, cómo con la distancia desaparecía ese carácter iracundo que enrojecía las mejillas de su marido y le apagaba el brillo de los ojos. A las pocas semanas de su regreso, la vida despreocupada y feliz que había llevado durante la travesía por el mundo le parecía un sueño lejano, pues la realidad de la cotidianidad en la Inglaterra de los años veinte se le antojaba realmente fatigosa: el escaso dinero que ganaba con sus libros solo le permitía cubrir los gastos más básicos y se encontraba compartiendo la vida con un hombre que prefería no dirigirle la palabra y una hija que apenas la reconocía.

Pero lamentarse no servía de nada. Había que buscar una solución, y la posibilidad de seguir trayendo dinero a casa recaía sobre ella. Si dejaba que al malestar emocional de Archie se añadieran problemas financieros, la situación podía tomar un cariz bastante oscuro. En 1923 encontrar trabajo como auxiliar de farmacia era algo complicado, pues la tasa de desempleo masculina era muy alta y las pocas vacantes que quedaban privilegiaban a los hombres, fueran o no excombatientes. Decidida a seguir adelante por su propio pie, Agatha se dedicó a aquello que ningún militar condecorado podía hacer en su lugar: escribir novelas de suspense con el sello Christie. Firme en su propósito, al año siguiente publicó *El hombre del traje marrón*, un libro que ambientó en algunos de los lugares de África del Sur que había recorrido y cuyos personajes compartían características con algunos de sus compañeros de viaje, como el mayor Belcher. Mientras escribía la novela, Archie logró encontrar trabajo en una empresa que no le despertaba demasiada confianza, pues tenía una dudosa reputación, pero su humor mejoró considerablemente tras aceptar el empleo.

Pese a las horas que Agatha pasaba frente a su máquina de escribir, ni su familia ni ella eran las principales beneficiarias de su esfuerzo. John Lane, su editor, había establecido unas duras condiciones en 1916, cuando Agatha, pensando tan solo en la ilusión de ver su primera novela policíaca publicada, firmó un desventajoso contrato con The Bodley Head. En 1924, sin embargo, sus novelas ya habían cosechado un notable éxito, y Agatha no iba a resignarse por más tiempo a ser víctima del abuso editorial de Lane. Lo veía claro. Las tornas habían cambiado: no era ella la que dependía de la editorial, sino la editorial la que dependía de su trabajo. Así, pese a que ella misma todavía no se consideraba una escritora profesional —aunque sus libros eran los que ponían la comida en la mesa—, comenzó a imponer sus condiciones.

Y la decisión pronto daría sus frutos. Su nuevo agente literario, Edmund Cork, logró que el popular periódico londinense *The Evening News* le ofreciera quinientas libras para publicar por entregas el libro que había escrito inspirándose en Belcher. ¡Quinientas libras! ¡Eso quivalía a cinco años de rentas! Con esa cantidad habían vivido durante medio año viajando alrededor del mundo. El dinero, en realidad, no debería haber sido una preocupación para Agatha, pues su astuta mente, al igual que la del sagaz Poirot, encontraba siempre la fórmula más insospechada para seguir adelante en los momentos de escasez. Durante las últimas semanas del viaje, cuando no le quedaba ni un centavo en el bolsillo, había tomado la decisión de basar su dieta exclusivamente en los víveres que ofrecía el bufé matutino de su hotel. Y aunque «salía del restaurante como una boa constrictor», tal y como ella misma recordó, la estrategia le había servido para disfrutar de los últimos días de travesía, cuando ya no disponía de dinero para alimentarse. La alegría que le producía la oferta del *The Evening News* no solo reafirmaba la popularidad de su obra, sino que también apuntaba hacia una seguridad económica que había anhelado desde la muerte de su padre. Los dolorosos recuerdos de las consecuencias económicas que había tenido para su familia el fallecimiento de Frederick emergían cada vez que su cuenta estaba en números rojos. Ese ingreso de quinietas libras tan inesperado ahuyentaba los fantasmas del pasado y esbozaba un futuro brillante que Agatha jamás había imaginado que podría llegar a alcanzar.

Con la tranquilidad de tener dinero en la cuenta, Agatha soñaba despierta, pensando en algún capricho sencillo para celebrar su éxito: quizá un vestido de noche para ella y una bicicleta para Rosalind. Pero una pregunta de Archie interrumpió sus pensamientos:

—¿Y por qué no te compras un coche?

¡Un coche! ¿Cómo no se le había ocurrido? Al oírselo decir a Archie la idea se hizo más factible, si bien el deseo de tener un vehículo llevaba años rondándole la mente, desde que se cruzó con su primer automóvil en París con tan solo seis años de edad. Tras la Primera Guerra Mundial, el método de producción en serie se había popularizado y la industria del automóvil no dejaba de aumentar sus ventas, por lo que un coche, pese a ser considerado un lujo que solo los más adinerados se podían permitir, era mucho más asequible que en la década anterior.

En los años veinte, además, tener un coche propio suponía un cambio vital enorme, algo difícil de comprender bajo el prisma del siglo XXI. Un vehículo proporcionaba la novedosa capacidad de trasladarse de forma rapidísima al lugar exacto en el que se quería estar. Era un sinónimo incontrovertible de libertad. Agatha había deseado con tanta fuerza lograr esa autonomía y ponerse al volante de su propio automóvil que en sus memorias comparó el día que se compró su nuevo Morris Cowley gris con otro importante acontecimiento de su vida que le resultó igual de emocionante:

> Debo confesar, aquí y ahora, que de las dos cosas que más me han emocionado en mi vida, la primera fue mi coche […]. La segunda fue cenar con la reina en el Palacio de Buckingham unos cuarenta años más tarde.

Al volante, con el sonido del motor de su nuevo Morris ronroneándole en los oídos, Agatha sentía el orgullo de haber logrado un sueño que antes había considerado inalcanzable. En un mundo postbélico en el que la mujer podía considerarse afortunada si lograba ser niñera o camarera, ella se había comprado un coche con su propio dinero. Al fin y al cabo, pensó, quizá sí que podía convertirse en una escritora profesional.

～～

El irreverente sol que se filtraba por las cortinas de campánulas del dormitorio del hogar de los Christie despertó a Agatha con sus rayos deslumbrantes. Desde que habían decidido regresar a la verde campiña inglesa y se habían mudado a Sunningdale, los días amanecían siempre soleados y brillantes: el trabajo de Agatha iba sobre ruedas y Archie finalmente había encontrado un empleo de su agrado y bien remunerado, y se mostraba siempre energético y de buen humor. Cuando no estaba trabajando, como esa mañana, Agatha sabía que probablemente estaría jugando al golf, pues se había aficionado tanto a ese deporte que ambos habían supeditado la elección de su nuevo hogar a la proximidad de un campo donde pudiera practicarlo. La casa Styles, como habían decidido llamar a su hogar en honor a la primera novela de Agatha, era una vivienda ajardinada y bastante lujosa que tenía fama de traer mala suerte a sus propietarios. Atraída quizás por ese halo de misterio (y por la cercanía al campo de golf), Agatha se decidió a adquirirla, aun consciente de que el nivel de vida que estaban intentando llevar no era del todo acorde con sus posiblidades.

Para Agatha, divertirse era todo un reto en Sunningdale, pues los residentes de zona eran matrimonios adinerados cuya compañía no resultaba nada estimulante, por mucho empeño que ella misma pusiera en encajar con sus vecinos:

Tenía algunas amistades en Sunningdale, pero la sociedad de allí se dividía principalmente en dos tipos: los de edad madura, verdaderos apasionados de los jardines, que no hablaban prácticamente de otro tema; o los alegres y deportivos ricos, que bebían mucho, celebraban cócteles y no eran realmente mi tipo, como tampoco lo eran, en este aspecto, de Archie.

Pese a que la vida les sonreía y los problemas de dinero parecían ya cosa del pasado, el contraste entre la rutina de matrimonio acomodado y la extraordinaria experiencia que habían vivido tan solo tres años antes viajando alrededor del mundo era muy grande. El espíritu aventurero de la escritora yacía algo adormecido en su interior, pero cuando los soporíferos eventos sociales del barrio se encadenaban uno tras otro, su alma inquieta le recordaba que quizá ese no fuera su lugar.

Aun así, en la comodidad de su nueva casa, la autora rebosaba creatividad: escribía canciones, obras de teatro e incluso probaba suerte en nuevos campos como la escultura, mientras sus libros se acumulaban en las estanterías. Sin embargo, una sombra incipiente se perfilaba en el horizonte, y para Agatha adoptaba una forma concreta: el golf. Archie se entregaba en cuerpo y alma a este deporte, que, a diferencia del surf, no podían practicar juntos asiduamente, pues el campo donde jugaba su marido discriminaba entre hombres y mujeres. Para recuperar su vida social y aprovechar su casa de campo, Agatha proponía a menudo organizar reuniones con viejos amigos, pero Archie solo daba su brazo a torcer en el caso de que los invitados fueran golfistas. Para él, una simple reunión no era una ocasion suficientemente amena. No dejaba de ser paradójico que después de haber coronado juntos montañas en Sudáfrica o de haberse perdido en la selva hasta encontrar las cataratas del Niágara fueran dieciocho hoyitos del tamaño de la madriguera de un pequeño roedor lo que separara al matrimonio. De forma absurda, el golf estaba interfiriendo en una camaradería que ni las convenciones sociales, los problemas económicos ni incluso una guerra mundial habían llegado a resquebrajar. Agatha rememoraría así aquellos desencuentros en su biografía:

> ¿Me daba cuenta ya de que algo fallaba en el apacible transcurso de nuestros días? Creo que no. Y, sin embargo, notaba una cierta carencia, aunque era incapaz de definirla en términos exactos. La inicial atmósfera de compañerismo entre Archie y yo había desaparecido.

Sin su compañero de aventuras, la autora se volcó en la escritura, dispuesta a entregarse a fondo en el primer libro que publicaría tras dejar The Bodley Head. Contrató a una secretaria para que la ayudara en su trabajo y cuidara de Rosalind mientras ella escribía. La elegida, Charlotte Fisher —o Carlo, como la bautizaría la pequeña Rosalind—, acabó convirtiéndose en una de las mejores amigas de Agatha. Mientras tanto, sus libros seguían traduciéndose a varias lenguas y sus beneficios aumentaban. Pero, como siempre, incapaces de pensar en el futuro, los gastos de los Christie se incrementaban a un ritmo superior que sus ingresos.

Era el momento perfecto para consolidar su carrera. Al fin tenía su anhelada casa de campo y una amiga que cuidaba de Rosalind, pero con la que compartía una gran camaradería. Archie y ella habían alcanzado todo aquello que, en octubre de 1912, cuando se conocieron, parecía que les estaría siempre vedado. En aquellas circunstancias, escribió el que llegaría a convertirse en uno de sus libros más reconocidos, y cuya trama se considera una de las más imprevisibles y originales de la historia de la literatura: *El asesinato de Roger Ackroyd*. Publicada en

1926, la tercera novela de Poirot relata un misterioso asesinato con un inesperado giro de acontecimientos que sorprendió a la crítica y al público. Además del interés suscitado por su imprevisible final, la historia también despertó cierta controversia, pues algunos lectores afirmaban que la obra no cumplía la regla de oro de toda trama policíaca: las pistas para adivinar la identidad del culpable debían ser accesibles para el lector. Ciertamente, Agatha las había colocado a plena vista con tanta meticulosidad que parecían invisibles si las sospechas del lector no eran las correctas. El revuelo que despertó *El asesinato de Roger Ackroyd* y la elaborada trama de misterio convirtieron el título en un rotundo éxito de ventas. Paradójicamente, el que sería considerado como uno de los mejores libros de Agatha Christie, el que cambiaría por completo su carrera, se publicaba, sin embargo, en el año más difícil de toda su vida.

∽∾

El traqueteo del tren rumbo a Manchester evadía a Agatha de los negros pensamientos que le venían a la cabeza tras haber leído el urgente telegrama que le había enviado su hermana Madge. El estado de salud de su madre había empeorado mucho debido a una bronquitis, tanto que los médicos no sabían si el cuerpo de setenta y dos años de Clara sería capaz de aguantar ni un segundo más. La fuerte conexión que Agatha sentía con su madre, con quien compartía algunas de sus creencias esotéricas, hizo que la autora creyera sentir en sus propias carnes un aviso sobre lo que se iba a encontrar cuando llegara junto al lecho de Clara:

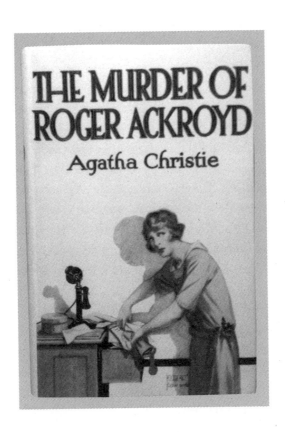

La originalidad de la trama de El asesinato de Roger Ackroyd *cautivó al público y supuso el mayor éxito de ventas de Agatha hasta la fecha. En la imagen, portada de la primera edición inglesa, de 1926.*

Mientras iba en tren hacia Manchester supe, de forma repentina, que mi madre había muerto. Sentí una sensacion de frío que me invadió de pies a cabeza y me hizo estremecer, y pensé: «Mamá ha muerto».

El 26 de marzo de 1926 la vida de Clara se apagó definitivamente. Con ella se iba la persona que más había apoyado a Agatha, su valedora, una continua fuente de inspiración y el último vestigio de su infancia. Clara fue una madre que siempre sostuvo a su hija sin empujarla. Una persona de una extremada sensibilidad que la comprendía no solo a ella, sino a todos los que la rodeaban, y que incluso sabía anticiparse a lo que los otros querían decir antes de que ellos mismos lo supieran.

Por si fuera poco, en aquel momento Archie estaba de viaje de negocios en España, por lo que no podría contar con el apoyo de su marido hasta una semana más tarde. La necesidad de sentir su calor y afecto tras la pérdida de Clara hizo que Agatha se olvidara de la poca predisposición que Archie tenía para sobrellevar el sufrimiento ajeno. Sin embargo, él mismo se encargaría de recordárselo al volver de su viaje. En cuanto regresó, entró en la casa con una fingida y violenta jovialidad, sin saber muy bien cómo hacer frente al dolor de su esposa, y le dijo:

—¡Hola, ya estoy aquí! Bueno, tienes que animarte, aunque acabes de perder a una de las tres personas a las que más quieres en el mundo.

Ante el silencio impasible de Agatha, su marido le propuso que regresara con él a España la semana siguiente. Se divertiría, le dijo. Pero Agatha no podía pensar en evadirse.

Sentía que una tristeza hasta entonces desconocida se apoderaba de ella y necesitaba conocer y acostumbrarse a ese nuevo sentimiento. Además, estaba Ashfield. Debía encargarse de la propiedad, que necesitaba bastantes arreglos, así como de empaquetar o deshacerse de las cosas de su madre. Aquella era su forma de mantenerse activa y, al mismo tiempo, afrontar su dolor en medio de aquella casa hasta hacía poco inundada de la fuerte personalidad de Clara. Archie no la acompañó, pero le propuso alquilar Styles, pues sus excesos y algunos problemas fiscales los habían llevado de nuevo a tener que afrontar ciertas estrecheces económicas. Él viviría en su club de Londres y así Agatha podría dedicarse por entero a Ashfield.

Sin embargo, quedarse sola en la casa de su infancia no la ayudó a sobrellevar mejor la pérdida de su madre, más bien todo lo contrario. La mansión era gigantesca y en su interior la esperaban no solo una larga colección de recuerdos, sino también una montaña de pequeñas y absurdas posesiones que la familia Miller había acumulado durante más de treinta y seis años, así como grietas enormes e ingobernables goteras que necesitaban una reparación. Agatha trabajaba incansablemente durante horas, sin apenas comer ni beber, en la imposible empresa de completar las reformas ella sola, con la única compañía de un duelo que le impedía pensar con claridad. Como si de una lupa de aumento se tratara, el trabajo en Ashfield multiplicaba el sentimiento de tristeza y soledad que la invadía y abrumaba todos sus sentidos:

Poner la casa patas arriba con todos sus recuerdos y el enorme trabajo que significaba, las noches sin dormir y la tristeza que aún me embargaba hicieron que me sintiera en un estado de nerviosismo tal que casi no sabía lo que hacía.

Confundida y sobrepasada por la mansión que se desmoronaba ante ella y anegada por los recuerdos de las vidas de algunas de sus personas más queridas, Agatha fue cayendo lentamente en una crisis nerviosa. Sentía que necesitaba a Archie a su lado, la fuente de amor y cariño que, tras la pérdida de su madre, aún le quedaba en el mundo. Aunque había llevado a Rosalind con ella, su hija no estaba en condiciones de ofrecerle el tipo de afecto y compañía que Agatha necesitaba. Le había pedido a Archie que fuera a visitarla algún fin de semana, pero su marido le contestaba que salía bastante caro. No dejaba de ser una excusa extraña para un hombre que jamás se preocupaba por un gasto de más, el mismo que había pagado una pequeña fortuna por una casa en Sunningdale para estar cerca de un campo de golf.

La infelicidad y el agotamiento, unidos al hecho de no poder entablar conversación con ningún adulto, fueron desgastando la fortaleza de Agatha. Tratar tan solo con una niña de siete años en aquellas circunstancias la estaba llevando, sin apenas ser consciente de ello, a perder el dominio de sí misma. La primera advertencia de que su salud mental se estaba deteriorando gravemente la tuvo un día, cuando quiso firmar un cheque y no supo con qué nombre debía hacerlo. «Estaba allí sentada, con la pluma en la mano y con una extraordinaria sensación de frustración. ¿Con qué letra empezaba? ¿Me llamaba Blanche Amory?», recordó la autora años después. El nombre escogido le resultaba familiar. Entonces, se acordó de que era un personaje secundario de un libro que había leído mucho tiempo atrás. Poco después, se sintió tan desdichada al no poder arrancar el coche que se echó a llorar. Aquello le pareció más grave. ¡Llorar porque un coche no arranca! Sentía que en cualquier momento se volvería loca, pero que no tenía a quién recurrir. Si Carlo hubiera estado más cerca quizá la habría podido ayudar. Pero su buena amiga se encontraba en Escocia cuidando de su padre, y Agatha, completamente sola, no sabía ni por dónde empezar.

Pocos días antes del 5 de agosto, Archie acudió a Ashfield para celebrar el cumpleaños de Rosalind. Tras el encuentro, su marido había previsto que se fueran de viaje a Italia los dos solos para recuperar poco a poco su vida. Todo volvería a la normalidad, le había prometido a Agatha. Pero cuando su marido llegó, le anunció que no había comprado los anhelados billetes. Agatha no lo entendía. ¿Quería quedarse en Ashfield? No, desde luego que esa no era su opción. Entonces, ¿qué era lo que quería? La respuesta terminó por derribar los últimos muros que quedaban en pie en la vida de Agatha:

—Quiero que me concedas el divorcio. Me he enamorado.

El nuevo amor de Archie se llamaba Nancy Neele, y era una joven a la que el matrimonio Christie había conocido a través del mayor Belcher. Archibald llevaba viéndola un tiempo indeterminado. Quizá la pasión por el golf había sido la excusa para distanciarse de su esposa y acercarse a Nancy. Quizá, como explicó la propia Agatha en su biografía, al estar solo en la ciudad, Archie no había podido tolerar la perspectiva de compartir su vida con alguien tan entristecido como Agatha en esos momentos y prefirió la compañía de otra mujer. Archie jamás había aceptado estar con personas enfermas o desgraciadas, pues según sus propias palabras, echaban a perder todo lo bueno que había en él. Agatha en ningún momento llegó a condenar su comportamiento. Aunque de haber sido infiel largo tiempo podría haberlo acusado de cobarde, la forma en la que se había comportado tras la muerte de su madre no se podía calificar sino de cruel. Pero la propia Agatha sabía que esa crueldad era la otra cara de uno de los rasgos de su carácter que más le habían llamado la atención: la falta de reparos a la hora de actuar siempre según su voluntad. Como el día de su boda, cuando no le importó el sufrimiento que pudieran causarles a los demás con su enlace. Ahora Archie era implacable con ella por el mismo motivo, «porque luchaba por su felicidad. Y si con anterioridad había admirado esa crueldad, ahora la sentía en mi propia carne».

La inesperada noticia de Archie dejó a Agatha totalmente conmocionada. A la pérdida de su madre se sumaba, meses después, la de su esposo, de quien debía solicitar ni más ni menos que un divorcio. En 1926 tan solo hacía tres años que las mujeres inglesas habían logrado igualar sus derechos legales con los hombres para solicitar un divorcio en caso de adulterio, y además debían ser capaces de demostrar la relación extramatrimonial según criterios bastante estrictos. Las separaciones todavía eran poco frecuentes, por lo que aún eran un motivo de vergüenza para la sociedad inglesa. Movida quizá por esa presión, Agatha decidió no concederle el divorcio a Archie inmediatamente. Por el contrario, le daría un año de plazo a la relación. Su entorno apoyaba su decisión argumentando que muchos hombres que tenían aventuras acababan regresando al hogar.

Agatha no se sentía capaz de hacerle ningún reproche a su marido. Necesitaba que le prestasen atención, que la consolaran y la arroparan tras el fallecimiento de su madre y la traición de su esposo. Mientras tanto, el estrés y la ansiedad iban desgastándola poco a poco. Cada vez se sentía más nerviosa e irritada; a veces, incluso olvidaba momentáneamente quién era.

El 3 de diciembre de ese fatídico año de 1926, Archibald y ella discutieron vehementemente. Archie, que todavía no se había decidido a abandonar definitivamente el hogar, hizo las maletas y se fue de casa para pasar el fin de semana con Nancy Neele en Godalming. Esa misma tarde, mientras Rosalind dormía, la señora Christie arrancó el motor de su Morris gris y se adentró en la noche. A la mañana siguiente, su coche fue encontrado en una carretera cerca de un lago. Una fina capa de hielo cubría el parabrisas y los faros encendidos del vehículo iluminaban una carretera completamente desierta. Sobre el asiento reposaba su abrigo de piel junto a una maleta abierta y el carnet de conducir caducado. Agatha Christie había desaparecido sin dejar rastro.

4

ESPLENDOR EN ORIENTE

El secreto de permanecer siempre vigente
es comenzar a cada momento.

AGATHA CHRISTIE

A finales de los años veinte, Agatha logró dejar atrás su primer matrimonio y emprender sola una aventura en Oriente que impregnaría muchas de sus obras. En la imagen de la página anterior, Agatha hacia 1930.

El 7 de diciembre de 1926, cuatro días después de su desaparición, el *Daily News* ofrecía cien libras a la primera persona que diera una pista con la que encontrar a Agatha Christie con vida. No sería, por supuesto, el único periódico en interesarse en la desaparición de la autora. Después del éxito que Agatha había alcanzado con *El asesinato de Roger Ackroyd*, el acontecimiento fue un jugoso regalo para la prensa. En todos los diarios aparecían entrevistas y artículos de autoproclamados expertos que aseguraban saber qué le había sucedido. Durante la semana siguiente, la policía, como muchos de sus lectores, buscó a la autora sin descanso. Las circunstancias matrimoniales de la pareja convertían a Archibald Christie en el principal sospechoso. Al ser interrogado, las palabras de Archie intentaron alejar su nombre a toda costa de la lista de principales culpables: «Mi mujer me dijo una vez que ella podría desaparecer de tal modo que desafiaba a que alguien tratara de encontrarla. Esto muestra que la posibilidad de crear su propia desaparición estaba ya en su mente».

Toda Inglaterra estaba buscando a la escritora de misterio, y algunos lo hacían con unos métodos más particulares que otros. El padre literario de Sherlock Holmes, Arthur Conan Doyle, también se sumó a la búsqueda. El autor, cuyo interés por el espiritismo era tan ferviente como el de Clara, llevó uno de los guantes de Agatha a una famosa médium con la esperanza de hallar respuestas, aunque solo obtuvo alguna frase ambigua y una fecha: Agatha aparecería el martes de la semana siguiente.

Mientras tanto, durante esa semana, uno de los músicos del hotel balneario Hydropathic de Harrogate informó a la policía de que, coincidiendo con la desaparición de Agatha, había llegado al hotel una mujer cuyo aspecto se correspondía con la descripción de la autora. Avisos como estos llegaban de todas partes de Inglaterra, pero, como si de alguna de las novelas de Agatha se tratase, enviaron a un detective privado a comprobarlo. El profesional no tenía dudas: era Agatha Christie.

El 14 de diciembre, la fecha anunciada por Arthur Conan Doyle, la policía llegaba al balneario de Harrogate y, tras ella, una legión de periodistas. Agatha se había registrado en el hotel el día siguiente a su desaparición y, según los huéspedes, había sido extremadamente agradable con todo el mundo. Solía socializar jugando al billar con otros clientes, aunque a veces prefería sentarse al piano, en el amplio y luminoso salón del hotel, y a los huéspedes los emocionaba escucharla. Agatha también se conmovía, y en ocasiones lloraba sobre el piano. A nadie le extrañaba. Teresa Neele, nombre al que Agatha respondía en el hotel balneario, les había contado que había perdido a su hijo recientemente.

A las 6:45 de ese mismo día, once días después de la desaparición de Agatha, Archie llegó al Hydropathic. Agatha, al verlo, pareció reconocerlo y, mostrándose serena y feliz, como si su presencia allí no tuviera nada de extraño, exclamó:

—¡Maravilloso! Mi hermano acaba de llegar.

Mientras Agatha le tendía los brazos y se acercaba a él, Archie se dio cuenta de que su mujer no fingía. Visiblemente consternado, rodeado de periodistas que los acosaban a preguntas y viendo que Agatha, enajenada, apenas si respondía con cierta cordura, la tomó del brazo y la condujo a su habitación.

Ese mismo día, el *Daily News* envió a Agatha un telegrama que publicaba entre sus páginas, en el que demostraba creerla tanto como lo había hecho su esposo:

En vista de las críticas generalizadas sobre su desaparición, le instamos encarecidamente a que dé una explicación a las miles de personas que se unieron a una búsqueda costosa y que no pueden entender su pérdida de memoria.

Esta agresiva insistencia sobre su culpabilidad ignoraba completamente su relato de los hechos y el de los propios médicos, que le diagnosticaron un trastorno de identidad. Sin embargo, era muy difícil para los periódicos renunciar a una primera plana que reflejara a Agatha como una despechada escritora de misterio que había tratado de manipular a la opinión pública sin importarle el enorme desembolso que su búsqueda había supuesto para el erario público, solo por el placer de castigar a su esposo y, de paso, aumentar su fama y la venta de sus libros.

Agatha jamás habría abandonado de ese modo a su hija, como tampoco lo habría hecho con su coche y todas sus pertenencias. Carlo había testimoniado que no era dueña de sí desde unos días antes de la desaparición. Sin embargo, los mismos periódicos que celebraron la partida de la Expedición del Imperio —cuyo gasto fue tan desproporcionado como innecesario— decidieron ensañarse con la autora, recriminándola en letras de imprenta ante el mundo entero por el inflado presupuesto que habían calculado para su búsqueda: doce mil libras (una cifra que, tanto a algunos familiares como a miembros del cuerpo de policía, les pareció poco realista).

La prueba irrefutable para la prensa de que Agatha había planificado de algún modo su desaparición era un extraño mensaje que ella misma había dejado en el *Times* el 11 de diciembre: «Amigos y familiares de Teresa Neele, llegada de Sudáfrica, por favor, comuníquense con ella». Y, como dirección, había dejado la del Hydropathic. Agatha estaba en un estado de depresión por el duelo de su madre y la marcha de su esposo, y en un trastorno en el que parecía haber desarrollado una nueva identidad, no es de extrañar que el apellido elegido fuera el de la amante de Archie, la persona que disfrutaba de todo lo que ella había perdido.

Tras pasar la noche con su esposa en Harrogate, Archie procuró despejar las sospechas que planeaban sobre Agatha como autora consciente de un intrincado plan para atraer la atención de los medios. Cuando la prensa le preguntó, su marido hizo una firme declaración a favor de su esposa que recogieron muchos periódicos:

La misteriosa desaparición de Agatha, propia de una de sus novelas, pobló las páginas de la prensa. Arriba, fotografía aparecida el 11 de diciembre de 1926 en el Daily News *que ilustra los posibles aspectos que podría haber adoptado la autora para mantener su anonimato. Abajo, el coche de la escritora tal y como se encontró, abandonado en la carretera.*

No hay ninguna duda sobre su identidad. Es mi mujer. Ha sufrido una completa pérdida de memoria y no creo que sepa quién es. No me reconoce y no sabe dónde está. Espero que el descanso y la tranquilidad la ayuden a recuperarse.

Ese mismo día, Archie dejó a la escritora al cuidado de Madge y se instaló en Sunningdale. Acompañada por su querida hermana, Agatha se repuso durante un tiempo de ese inquietante incidente, cuya misteriosa sombra siguió persiguiéndola a lo largo de toda su carrera.

❧

En febrero de 1928, Agatha se encontraba de nuevo en pie para enfrentarse al mundo. Durante el año en el que había decidido esperar a Archie, había soportado el acoso de la prensa, consejos tan dañinos como bienintencionados, y tratado de rehacerse y recordarse a sí misma, mientras los periódicos no dejaban de acosarla:

Me sentía como un zorro perseguido y acosado por todas partes por los ladridos de los perros. Siempre he odiado la notoriedad de cualquier tipo y, en esos momentos, la tuve en tal alto grado que pensé que no soportaría vivir más.

Por si todo esto no fuera suficiente, el momento elegido por Archie para solicitar el divorcio no podía ser peor económicamente. Agatha había invertido en la casa de Sunningdale la mayoría de sus ahorros y necesitaba desesperadamente escribir un nuevo libro para asegurarse un medio de vida. Pero cada nueva noticia en el periódico, la ausencia de Archie y, sobre todo, las engañosas ensoñaciones de lo que podría haber sido su vida no le permitían concentrarse en su trabajo. Debía abandonar Inglaterra, irse a un lugar donde nadie conociera su vida y, al mismo tiempo, no hubiera nada que le recordara cómo había vivido hasta entonces, pues la felicidad de la que había disfrutado en su tierra natal no hacía sino convertirla en una mujer más desdichada. Entonces, recordó el majestuoso volcán del Teide, en las Islas Canarias, que había admirado desde la cubierta del *Kildonan Castle* seis años atrás, cuando Archie y ella comenzaron juntos su vuelta al mundo. Era el momento de dejar Inglaterra, y las Islas Canarias fue el destino elegido para ello:

> Me costaba mucho trabajo sobreponerme, pero sabía que la única forma de empezar de nuevo estaba en romper radicalmente con todo lo que me había hecho naufragar. No encontraba paz en Inglaterra, después de todo lo que había pasado. Rosalind era la única luz que brillaba en todo ese panorama. Estando sola con ella y con mi amiga Carlo, las heridas cicatrizarían y podría hacer frente al futuro.

La decisión de irse a las Canarias resultó ser todo un acierto. Cuando no estaba ocupada con su cadáver, como solía llamar a su trabajo, su mente encontraba la paz en el horizonte dominado por el Teide, la brisa marina en su piel y las cenas al aire libre que permitía la cálida temperatura isleña. Allí pudo concentrarse, al menos durante algunos períodos de tiempo, en su próxima novela, aunque Rosalind, que entonces tenía ocho años, parecía no llevar del todo bien la separación. Necesitaba ver a su madre y la interrumpía constantemente. Esto, inevitablemente, le hacía aún más difícil el trabajo. Agatha, sin embargo, sentía que Rosalind era la razón principal que la anclaba al mundo: debía terminar el libro, pues el futuro de su hija dependía de ello. A pesar de que el mediático seguimiento de su desaparición fue una de las pruebas más evidentes de que Agatha se había convertido en una famosa escritora, ella misma recordó en sus memorias que no fue hasta entonces, cuando estuvo bajo el nítido cielo canario, cuando consideró la literatura como su medio de vida:

> Para empezar, no sentía ninguna alegría al escribir, ninguna inspiración.[...] Me impulsaba desesperadamente el deseo o, mejor dicho, la necesidad de escribir otro libro y ganar algo de dinero. Ese fue el momento en el que me transformé de escritora aficionada en profesional. Asumí todas las cargas de una profesión como la de escritor, en la que tienes que escribir aunque no te guste lo que estás haciendo y aunque no esté demasiado bien escrito.

El resultado de su trabajo en las islas, *El misterio del tren azul*, fue un éxito tan rotundo como el anterior. Aunque tanto editores como público alabaron la obra, la autora despreció siempre esta pieza, y las únicas reflexiones que se permitió sobre ella fueron de dónde sacó la energía para terminar de escribirlo. Afortunadamente para Agatha, ni siquiera en los momentos más dolorosos de su vida la abandonó la fuerza de voluntad para enfrentarse a lo inevitable.

La Agatha que regresó a Inglaterra poco se parecía ya a la mujer destrozada que había partido semanas atrás. Si en el pasado pudo enfrentarse a las barreras físicas de una guerra para reunirse con Archie, ahora que era él mismo quien se alejaba de ella no estaba dispuesta a esperarlo eternamente y, desde luego, no podría perdonarlo sin más, como todos le aconsejaban.

Con mejor ánimo y el carácter endurecido, la escritora estaba más que dispuesta a plantar cara al mundo. La primera de sus decisiones, impensable unos meses antes, se resolvió con pragmática frialdad. Concertó una cita con Archie y le preguntó por última vez si estaba seguro de su decisión:

—Solo hay una cosa que realmente quiero: ser feliz. Y no lo seré hasta que me case con Nancy.

A partir de entonces, Agatha no volvió jamás la vista atrás. El Archie al que conocía había desaparecido para siempre. Con el pulso firme, tomó su estilográfica, escribió a sus abogados y puso en marcha el trámite de divorcio.

~~

Una fría tarde de otoño de 1928, Agatha paseaba por las calles de Londres aprovechando el monótono ruido de sus firmes pasos para enlazar y descartar argumentos de su siguiente novela. El piso del céntrico barrio de Chelsea que había comprado y donde se había instalado temporalmente con Rosalind y Carlo la situaba lejos de Styles y de Ashfield; era el lugar idóneo para rediseñar su vida como mujer divorciada. A lo largo del paseo, mientras su mente entrelazaba con pericia los funestos destinos de sus nuevos protagonistas, disfrutaba de esa olvidada sensación de libertad que la había invadido durante los últimos meses, desde que el divorcio con Archie se había hecho efectivo en abril de ese mismo año. Ese día, además, se sentía especialmente ociosa, pues hacía poco que su hija Rosalind había comenzado el curso en un colegio interna. ¿Qué iba a hacer ahora que estaba tan libre de responsabilidades?

Con estas preguntas rondándole por la cabeza, hubo uno de los escaparates de la ciudad que le llamó especialmente la atención: era el de la agencia de viajes Thomas Cook. Los coloridos pósteres que colgaban detrás del cristal anunciaban con letras elegantes y de gran tamaño una larga lista de destinos que jamás se había planteado visitar: Zagreb, Belgrado, Sofía, Estambul... De golpe, sintió un ardiente deseo por viajar.

¿Cómo no se le había ocurrido justo tras firmar los papeles del divorcio? Cuando estaba casada con Archie, solo permanecía en Inglaterra porque su marido, que trabajaba en los negocios, no podía tomarse unas largas vacaciones. Pero ahora que era una célebre autora que podía escribir y producir desde cualquier parte del globo, ¿cómo no lanzarse a un mundo que parecía tenderle la mano? Además, ya no podría estar con Rosalind hasta las vacaciones de Navidad. No necesitó reflexionar mucho tiempo para abrir la puerta de las oficinas de la agencia de viajes Thomas Cook y reservar unos pasajes para Jamaica y las Indias Occidentales.

Sin embargo, dos días antes de su partida, un joven comandante le habló con inusitada emoción de una ciudad que el resto de sus conciudadanos siempre habían criticado:

Bagdad. Pronto, Agatha se dio cuenta de que lo fascinante de la ciudad era precisamente aquello que los ingleses despreciaban: el lugar no se había sometido al colonialismo inglés. La luz y la fuerza de sus calles seguían siendo las mismas que antes de la llegada del Imperio británico hasta sus fronteras, por lo que no era un pequeño pedacito de Inglaterra en un lugar diferente, sino un verdadero viaje, el que la conduciría por fin a un lugar completamente nuevo. Cuando Agatha supo que el viaje podía hacerse en el Orient Express se disiparon las pocas dudas que le quedaban. Estaba decidido: al día siguiente fue a la agencia y cambió sus pasajes por un billete en el mítico tren.

Agatha estaba tan extasiada que no se daba cuenta de que el resto de su entorno no compartía su entusiasmo.

—Pero ¿te vas a ir sola a Oriente Medio? —le preguntó su amiga Carlo inquieta.

La duda de su secretaria la sorprendió por completo. ¡Claro que iría sola, era evidente! Las únicas personas con las que había viajado habían desaparecido de un modo u otro de su vida.

—Ah, todo irá estupendamente. A fin de cuentas, alguna vez he de hacer algo sola —respondió, intentando tranquilizar a Carlo.

Estas fueron sus palabras, aunque en su interior hubiera sitio para algunas dudas. Pensándolo bien, ella nunca había planificado ninguno de los viajes largos que había hecho. Era cierto que Archie y ella prepararon juntos el viaje a Honolulu cuando fueron con la Misión, pero la mayor parte de la travesía se la debía a la organización del Imperio británico. En sus

memorias, sin embargo, dejó claro que para aquel entonces
había llegado a un punto de inflexión:

> Había dado la vuelta al mundo con Archie, había estado en Ca-
> narias con Carlo y Rosalind y ahora me iba de viaje completa-
> mente sola. Descubriría al fin qué tipo de persona era, y si me
> había convertido en alguien por completo dependiente de los
> demás, como temía. [...] Podría cambiar mi decisión en cues-
> tión de segundos, como había hecho al escoger Bagdad en vez
> de las Indias Occidentales, sin pensar en nadie más que en mí
> misma. Veríamos si me gustaba esta situación.

Haber cambiado las islas orientales por Bagdad y un trayecto
en barco por el Orient Express le hizo adquirir una mayor
confianza en su propio criterio. Alentada por su propio valor,
tomó una última decisión antes de partir: visitaría la antigua
ciudad de Ur, al sur de Irak. El nombre de esta antigua ciudad
cercana al golfo pérsico resultaba muy conocido en los años
veinte en Inglaterra, pues en 1922 se había iniciado una expedición angloamericana que, bajo la dirección del arqueólogo
Leonard Woolley, había desenterrado restos de la población
donde había nacido la civilización sumeria. La expedición di-
rigida por Leonard había logrado sacar a la luz imponentes
zigurats y cerca de dos mil tumbas repletas de joyas doradas
y pequeñas piezas de cerámica. El tesoro recién descubierto
había llenado las páginas de muchos periódicos ingleses, pues
a través de ellos se había empezado a trazar con más precisión
la historia de Ur, desde su nacimiento cerca del año 3800 a.C.
hasta su abandono alrededor del año 4 d.C. El Imperio britá-

nico, además, estaba muy presente en el país, pues había sido el responsable de la fundación del estado de Irak en el año 1920. Tras el desplome del Imperio otomano a finales de la Primera Guerra Mundial, Inglaterra había aglutinado las tres anteriores provincias otomanas bajo un solo gobierno, implementando un polémico mandato británico en el recién estrenado país.

A Agatha, como a muchos otros ciudadanos ingleses, le fascinaba la idea de ver en primera persona esos secretos que, tras miles de años, empezaban a ser desvelados en Ur. El viaje que estaba a punto de iniciar le abría las puertas de la prehistoria, una disciplina de la que no supo alejarse jamás. Como cualquier novela policíaca, los misterios que escondían los vestigios milenarios la invitaban a unir las piezas de un puzle complejo, pero mucho más profundo que un enrevesado crimen: el de la historia de la humanidad.

∽∾

Mientras las camareras del vagón restaurante terminaban de abrillantar la cubertería de plata y los mozos de equipaje colocaban las maletas procurando no rasgar las sábanas de seda de las literas, Agatha ponía un pie por primera vez en el Orient Express en otoño de 1928. El interior del tren era mucho más suntuoso de lo que se había imaginado: la madera de nogal y caoba recubría las paredes de los pasillos, el mármol blanco del baño resplandecía mostrando sus preciosas vetas negras y la tapicería de piel que forraba algunos de los asientos estaba repujada en oro. Sin embargo, apenas entró en su compartimiento, Agatha se dio cuenta de que el lujo que por entonces suponía viajar a ochenta kilómetros por hora con calefacción y mullidas alfombras bajo los pies no valía nada si la compañía no era la adecuada. Pese a parecer alguien interesante, la aristócrata con la que le había tocado compartir el camarote no estaba dispuesta a permitir que el silencio reinara en el trayecto. Tras conversar un poco, la viajera decidió que Bagdad no era una ciudad para Agatha, pues no concebía que la autora rechazase aquello que ella misma buscaba en el extranjero: un lugar sometido al colonialismo, con las costumbres cercanas de la sociedad inglesa. La dama le rogaba a Agatha que aceptara su hospitalidad y se quedara en su casa cuando fuera a Bagdad, y tanto insistió que Agatha le dijo que haría lo posible. Felizmente para ella, la mujer dejaba el trayecto en Trieste. Agatha respiró aliviada, convencida de que jamás volvería a ver a esa testaruda compatriota.

Fuera de las normas no escritas de la sociedad inglesa, se sentía tan a gusto como cuando estaba sola ante su máquina de escribir. A medida que el tren se alejaba de Inglaterra y los viajeros dejaban atrás su cultura, desaparecía el laberíntico entramado de conductas sociales que a veces aún le resultaba agotador. Las convenciones y las normas saltaban por los aires y los viajeros entablaban conversaciones en ese espacio mágico y un poco más libre de estereotipos que se generaba en el tren. Con esa libertad de moverse sin poner un pie en falso, Agatha fue capaz de desenvolverse y conectar fácilmente con sus compañeros de trayecto. Quizá por eso, una de las cosas que más impresionaron a la autora de aquel excepcional viaje fueron las personas que encontró en su camino. Una señora turca con la que se comunicó por gestos, un ingeniero holandés que fingió ser su marido para no molestar a un párroco que los acompañaba y que les había tomado por matrimonio o el viajante de comercio francés que bajó en una estación a comprarle uvas dulces para aliviarle la fiebre por picaduras de las chinches... «Hasta que no viajamos solos no nos damos cuenta de cuánta amistad y protección nos depara el mundo exterior», escribió Agatha tres décadas después, rememorando la larga lista de compañeros de viaje.

Cuando el tren llegó por fin a Asia, el color y el aroma invadieron el Orient Express: comida envuelta en hojas, huevos pintados y trajes multicolores llenaban los pasillos. No sabía por qué era ni de qué forma había sucedido, pero al pasar la línea imaginaria entre los dos continentes y llegar a Asia, Agatha era mucho más consciente de sí misma, de lo que estaba haciendo y hacia dónde se dirigía. La potente voz del revisor anunciando la siguiente estación interrumpió sus pensamientos: habían llegado a su destino, Damasco.

Entre la ciudad siriana y Bagdad solo se erigía el desierto, así que Agatha tomó un autobús que la condujo hasta la capital de Irak. El único lugar donde podía detenerse la caravana era el fuerte de Rutbah, aproximadamente a mitad de camino, donde ofrecieron reposo a los pasajeros durante unas horas. El viaje había resultado fatigoso, pero el despertar fue un momento inolvidable para Agatha. Se levantó en el desierto con los colores del amanecer reflejándose en las dunas, que despedían destellos rosas pálidos, melocotones y azules junto con la tonalidad del aire que ondulaba en el centro de un silencio desconocido que ella misma recordó con gran emoción en sus memorias:

Estaba hechizada; esto era por lo que tanto había suspirado, lo que me hacía evadirme de todo, el aire puro y tonificante de la mañana, el silencio, incluso la ausencia de pájaros, la arena que corre por tus dedos, el sol naciente y el sabor de los embutidos y del té. ¿Se puede pedir algo más a la vida?

Para su desgracia, aquel momento de intimidad y de soledad no duraría mucho: la insistente aristócrata inglesa a la que había conocido en el Orient Express y de la que había creído desembarazarse en Trieste estaba entre los pasajeros del autobús. Pese a los continuos intentos de Agatha por evitarlo, la mujer continuó invitándola a su espléndida mansión en las afueras de Bagdad, hasta que hubo de darse por vencida.

Nada tenía que objetar ni a la amabilidad de su anfitriona ni a la agradable conversación de la gente que la rodeaba en su hogar. Sin embargo, Agatha sentía que su cuerpo ansiaba sumergirse en el mundo extranjero, conocer sus costumbres y gentes en lugar de los mismos estímulos que podía encontrar en la pequeña sociedad de Torquay. ¿Cómo podía escapar de ese ambiente colonial? La respuesta era sencilla: decidió visitar la popular excavación de los señores Woolley, en Ur.

Cuando llegó al yacimiento, el afamado arqueólogo Leonard Woolley y su mujer Katharine la recibieron con grandes honores. No era algo habitual, porque en las excavaciones, cada segundo cuenta, y un invitado no suele ser bienvenido si no tiene conocimientos arqueológicos. Sin embargo, alguien había intercedido por ella, solo que, esta vez, era uno de sus personajes: el señor Roger Ackroyd. Katharine, que

Uno de los mayores deseos de Agatha era viajar en el Orient Express, un sueño que pudo realizar en 1928 (abajo, el detalle de un compartimento en cabina). Arriba, la habitación del hotel de Estambul en el que escribió su exitosa obra Asesinato en el Orient Express, *inspirada en su viaje.*

luego se reveló como la verdadera capataz de la excavación, estaba encantada con su libro y le dio el trato de toda una celebridad.

No tardó mucho en darse cuenta de que no podía haber elegido mejor. Su natural curiosidad, que se había despertado en la fiebre que existía en el Imperio británico por Egipto, o cuando la profesora de arte le explicó en Australia los orígenes de los bosquimanos, adquirió proporciones inmensas junto a Leonard Woolley.

El arqueólogo le mostró orgulloso el yacimiento donde realizaban sus trabajos diarios. De lejos parecía un simple montículo seco de arena, pero al acercarse Agatha pudo apreciar claramente el aspecto de un *tell*: el hoyo artificial realizado en ese monte arenoso revelaba diversas capas a las que se habían reducido siglos y siglos de historia. Antiguamente, le contaba Leonard, las nuevas ciudades se construían sobre las ruinas de las viejas, enterrando debajo de sus nuevos cimientos las huellas de un brillante pasado que los arqueólogos se esforzaban por redescubrir.

Agatha escuchaba a Leonard con el pulso acelerado. En paisajes donde el ojo inexperto solo veía hoyos, arena y dunas, sus palabras hacían que las cosas cobraran vida, emergiendo de la tierra que las albergaba desde hacía más de cuatro mil años. Para ella, todo era real. Veía la alfarería, las casas, los palacios y todo aquello que Leonard quería mostrarle.

Agatha, ávida de conocer, y Leonard, apasionado al contar, era todo lo que se necesitaba para que la civilización sumeria volviera a la vida. Como en tantas ocasiones, el disfrute y el misterio iban de la mano:

Era romántico ver cómo aparecía, lentamente, entre la arena, un puñal con reflejos dorados. El cuidado con el que se levantaban del suelo las pastillas y demás objetos me incitaban a ser arqueóloga.

De ahí surgió una fascinación que cristalizaría en una serie de libros ambientados en oriente. Al final, los Woolley —que jamás acogían a visitantes en su excavación—, la incitaron a quedarse una semana más. Así terminó de consolidarse el interés de Agatha por la arqueología, que se convirtió en otra de sus pasiones.

Después de esta experiencia, le dolió mucho tener que volver a Bagdad. Pero de una cosa estaba segura después de su visita a Ur: no quería vivir al lado de la ciudad, en una bellísima colonia inglesa, sino experimentar de cerca cómo era la vida cotidiana en las calles de Bagdad. Con excusas y mucho tacto, logró esquivar la invitación de su primera compañera de viaje.

Agatha no rechazaba la compañía, siempre y cuando esta no renegara de las costumbres locales. Por eso, cuando Maurice Vickers se ofreció a mostrarle las callejuelas de Bagdad, aceptó encantada. Maurice era un joven un poco solitario de origen anglo-indio que se convirtió en un gran amigo de Agatha. Junto a él descubrió las doradas cúpulas de la mezquita Al-Kadhimiya y visitó las alfarerías, los zocos y los jardines de palmeras de Bagdad. Además de la belleza de los lugares que descubrió junto a Maurice, Agatha quedó muy impresionada por la profundidad de sus conversaciones. Las ideas de Maurice cambiaron radicalmente su concepción del tiempo y de la influencia que este tenía en las relaciones personales. Pensar en la infinidad del tiempo la ayudó de un modo inesperado a relativizar sus problemas personales, a comprender que las cosas finitas de la vida carecen de importancia si se observan bajo la lupa de la eternidad. Al final de su vida, la autora insistió en que sus puntos de vista no cambiaron, pero que, de alguna manera, veía las cosas con una mejor proporción: «Me veía a mí misma menos importante, como si solo fuera una faceta de un todo, en un vasto mundo con cientos de interconexiones».

Acariciada por los perfumes de la cúrcuma y la canela, mientras paseaba junto a Maurice por el zoco de Bagdag, la ciudad que la mayoría de sus amistades le habían desaconsejado por ser una mujer joven, divorciada y sola, sintió una gran sensación de bienestar y un conocimiento más auténtico de lo que significa la serenidad. Esta nueva percepción del tiempo le permitió dejar de sentirse culpable por el fracaso de su matrimonio y el dolor, sin el sentimiento de culpa para reavivarlo, fue desapareciendo poco a poco. Fue una lástima para ella tener que abandonar a Maurice en Bagdad, pero echaba de menos a Rosalind: se acercaba la Navidad, y tenía que hacer los preparativos para celebrarla junto a su hija. Dejó Oriente con dificultad, pero los planes que ya esbozaba para regresar la primavera siguiente calmaban esa pulsión por descubrir de cerca la historia que había nacido en ese lugar. El pasado de la humanidad que yacía bajo tierra ya había aguardado miles de años a ser descubierto. Podría esperarla algunos meses más.

El ambiente navideño que se palpaba en las calles londinenses en 1928 extrañaba un tanto a Agatha, pues ese año, igual que el anterior, iba a celebrar las fiestas con Rosalind y en ausencia de Archie. Pero a diferencia del invierno de 1927, Agatha era una persona muy distinta tras su primer viaje en el Orient Express: no solo había ampliado su perspectiva de la vida, sino que esta le mostraba un nuevo y apasionante camino para seguir saciando su sed de conocimiento. Pese a que el viento frío de invierno le daba la bienvenida a su país, no dejaba de sentir que en su vida empezaba una segunda primavera.

Dispuesta a disfrutar de la compañía de su hija de diez años, accedió gustosa a acoger unos días en Londres a Pam, una amiga de Rosalind, para que pasara las vacaciones de Navidad con ellas. Ambas ignoraban, sin embargo, que Pam iba acompañada de un peligroso e invisible invitado: el virus del sarampión. Cuando Agatha reconoció los síntomas de la pequeña, actuó con rapidez: mandó a la chica con su madre y no esperó ni un segundo para subir a Rosalind a su coche. Pese a que en los años treinta el sarampión era una enfermedad con menos mortalidad que en el pasado —la propia Agatha se había recuperado del virus años atrás—, la vacuna para su prevención no se ideó hasta 1960, por lo que el inesperado invitado que había invadido el hogar londinense era extremadamente contagioso en ese momento. Rosalind aún no mostraba ningún síntoma, pero Agatha se apresuró y condujo tan rápido como pudo hasta llegar a Ashfield, ignorando un fuerte dolor que notaba en su muslo izquierdo. Cuando llegaron a su casa, el diagnóstico del doctor fue muy claro: el caso era grave, pero no el de su hija, sino el suyo propio. Agatha se había vacunado recientemente en la pierna y, tras unos días, esta se le había hinchado exageradamente y la temperatura de su cuerpo había aumentado hasta los cuarenta grados. La inflamación era tan fuerte que el propio médico la envió urgentemente al hospital, donde estuvo ingresada una semana sufriendo fuertes delirios mientras Madge se ocupaba de las erupciones cutáneas de Rosalind. Aunque el criterio médico insistía en que Agatha no debía haber hecho tanto esfuerzo conduciendo, ella estaba convencida de que le habían inoculado una vacuna con una dosis mucho mayor de lo habitual.

Allí, tumbada en la camilla del hospital, recordó con media sonrisa cómo, cuando era niña, sus abuelas se peleaban por demostrar cuál de las dos era la mujer más débil. Ella, que había crecido escuchando ideales victorianos sobre la delicadeza femenina —siempre relacionada con la debilidad física—, no había hecho más que demostrarse a sí misma su fortaleza. Y no iba a dejar de hacerlo, pues en esa ocasión aguantó estoicamente extraños delirios que trastornaron todos sus sentidos durante cuatro largos días.

Tras una semana de ingreso, los médicos le dieron el alta y Agatha regresó de inmediato a Ashfield. Las navideñas vacaciones en familia habían resultado accidentadas, pero el doble incidente vírico permitió que madre e hija disfrutaran juntas de un alegre período de convalecencia.

Rosalind se incorporó de nuevo a la escuela cuando las fechas del calendario se acercaban a la primavera. Agatha no quería pasar ni un solo día más de los necesarios lejos del *tell* de Ur, por lo que a mediados de febrero hizo de nuevo las maletas y se marchó rumbo a la excavación.

La antigua ciudad sumeria la esperaba sumergida en una fuerte tormenta de arena que obligaba a que todos los miembros de la excavación pasaran la mayor parte del día encerrados. Durante los cinco días en los que la arena se colaba entre sus sábanas, Agatha descubrió la agradable compañía de un nuevo colaborador del yacimiento: Max Mallowan. El joven arqueólogo de veinticinco años había llegado a la excavación dos temporadas atrás, pero no había podido acudir a la anterior a causa de una apendicitis. Max era un hombre reservado, con una habilidad especial para escuchar y ofrecer diligentemente su más sincera ayuda a quien la necesitara. Era el tipo de hombre que todo lo hacía bien.

Además del yacimiento, Agatha quería aprovechar el viaje para visitar diversas localidades de Irak. Aunque estaba en sus planes viajar sola, comprobó de nuevo que era realmente difícil para una mujer que sus amigos europeos se lo permitieran, pues siempre había algún caballero que se ofrecía a acompañarla. En esta ocasión fue Max. Sin embargo, sospechaba que la voluntad de Katharine era la que estaba detrás del altruista ofrecimiento. El fuerte carácter de la señora Woolley imponía una mezcla de miedo y admiración de la que Katharine hacía uso con frecuencia para lograr que el resto de los miembros de la excavación satisficieran sus peculiares caprichos, como que le cepillaran el pelo a diario. Agatha, que había percibido la necesidad de autoridad de Katharine, supo desde el primer momento que iba a ser inútil llevarle la contraria, por lo que decidió aceptar el ofrecimiento del joven ayudante.

Max resultó ser el acompañante perfecto. Disfrutaba compartiendo sus conocimientos sobre arqueología y, además, sus nociones de árabe —que había adquirido expresamente para trabajar sobre el terreno— le abrían puertas a las que Agatha jamás habría podido llamar, por mucho que dominara con gran pericia la lengua inglesa. Juntos visitaron la ciudad santa de Náyaf —la tercera localidad de peregrinación musulmana después de La Meca y Medina—, y Kerbala, donde pudieron ver con sus propios ojos la mezquita donde descansaban los restos del segundo nieto de Mahoma. Gracias a Max, Agatha pudo apreciar en su justo valor los lugares que visitaban, pues él no dejaba de explicárselos con el vehemente candor de quien no ha contemplado la opción de que haya alguien que no pueda estar interesado en semejantes vestigios.

De vuelta a Bagdad, se encontraron con un oasis de aguas cristalinas en el centro del desierto. Agatha, incapaz de resistirse al refrescante placer de un buen baño, lamentó no poder disfrutar de uno que le aliviase el sofocante calor, pues no había previsto llevar traje de baño al desierto.

Max, flemático, le preguntó si no tenía nada que le pudiera servir de bañador. Tras reflexionar, Agatha se puso una camiseta de seda rosa y dos pares de bragas, se lanzó al agua sin complejos y Max se unió enseguida con unos pantalones viejos. Pero tras el refrescante baño, se dieron cuenta de que el coche que los transportaba a lo largo del árido desierto no arrancaba. Después de probar todas las técnicas imaginables para poner en marcha el vehículo, Agatha se recostó en la sombra, decidida a esperar a que la ayuda llegara tranquilamente, y se echó una buena siesta.

Ella aún no lo sabía, pero aceptar con tanta calma ese imprevisto en medio del desierto le depararía una de las mayores sorpresas de su vida: el brillante arqueólogo que la acompañaba en su viaje la encontraba cada vez más excepcional.

Me resulta fácil aceptar las cosas como vienen, sin ponerme nerviosa; además, poseo la útil habilidad de dormirme en cualquier momento y en cualquier sitio.

La misma cualidad que Agatha resaltó en sus memorias había encandilado a Max. Ajena a los sentimientos que el joven desarrollaba por ella, Agatha se dejaba llevar por los relatos que surgían de la tierra en forma de fragmentos de cerámica, como si solo escuchara segmentos dispersos de una conversación mantenida hacía más de tres mil años en el desierto. Agatha daba por descontado que Max no tendría ningún interés romántico en una mujer que lo superaba en más de una década de experiencia vital. En cierta ocasión, lo sorprendió mirándola, pasmado mientras ella recogía trozos de vasija, coleccionando pedazos de color azul, verde y turquesa. ¡Algunos bordes estaban incluso recubiertos de oro! Poco a poco, durante estos viajes a yacimientos arqueológicos, Agatha se fue interesando cada vez más por la vida de Max, quien, encontrando en ella una oyente atenta y activa, le contaba indiferentemente la historia de las religiones o la de su propia vida.

Más adelante, los Woolley se unieron a la ruta de Agatha para acompañarla durante una visita que la escritora aguardaba con gran ilusión: Delfos, la localidad religiosa más importante de la Antigua Grecia. Al llegar a Atenas, sin embargo, Agatha tenía diversos telegramas urgentes que cambiaron sus planes por completo: Rosalind estaba gravemente enferma debido a una neumonía. Aunque Madge le contaba en uno de los mensajes que su estado ya había mejorado, Agatha no podía estar separada de su hija ni un segundo más, pues en aquella época la neumonía podía ser una enfermedad mortal.

Al salir a la calle, mientras se preguntaba a sí misma cómo iba a afrontar los cuatro días de trayecto en el Orient Express que aún la separaban de Rosalind, puso un pie en falso y se torció el tobillo. La lesión era grave, pues le resultaba imposible dar un paso por sí sola sin sentir dolor. De vuelta en el hotel, mientras intentaba idear una solución para volver a Inglaterra, Max entró en su habitación con vendajes y pasta de zinc, le vendó la pierna con precisión y le espetó:

—He cambiado mis planes, Agatha: adelanto mi regreso a casa. Viajaremos juntos y yo mismo me ocuparé de que no te falte de nada durante el trayecto.

Agatha escuchaba ojiplática las palabras de Max. ¡No estaba acostumbrada a tantas atenciones por parte de un representante del género masculino! Durante su viaje por el mundo con Archie, cuando tuvo que buscar soluciones rocambolescas para alimentarse por falta de dinero, se quedaba sola muchas noches junto a un vaso de agua caliente en el que infusionaba trocitos de carne seca mientras Archie acompañaba a Belcher a las cenas oficiales. En realidad Max era todo lo contrario de Archie: parco en palabras pero generoso en sus gestos, pues siempre hacía las cosas que ella realmente necesitaba.

Cuando llegó a Inglaterra, Rosalind había salido del hospital y se encontraba en casa de Madge, recuperada pero aún con signos visibles de la enfermedad. Una semana más tarde, Agatha regresó con ella a Ashfield, dispuesta a volcar en el folio nuevas historias criminales, impregnadas esta vez por los aromas y colores que había descubierto en Oriente.

Max mientras tanto trabajaba de nuevo con Woolley en el Museo Británico, donde se iban a mostrar algunos de los objetos que habían desenterrado en Ur. Puesto que Agatha sabía que Max disponía de tiempo libre, no tardó en invitarlo a desayunar en una ocasión y, seguidamente, a visitarla en Ashfield.

La similitud de intereses entre Max y Agatha hizo que la relación se fuera estrechando rápidamente. Por eso, Max arregló sus obligaciones para poder pasar una semana en Ashfield, donde acompañó a la pequeña Rosalind y a su madre en sus paseos bajo la lluvia. Uno de esos días, tras resguardarse en la mansión de los ensordecedores truenos que los habían perseguido a lo largo de la tarde, ambos se retiraron a sus habitaciones. De repente, cuando Agatha descansaba ya bajo las mantas, escuchó unos tímidos golpes en la puerta. Max, visiblemente agitado, se sentó en el borde de la cama totalmente azorado y, mirándola directamente a los ojos, le pidió que se casara con él.

El contraste de esta escena con la acaecida dieciséis años antes, en 1914, pone en evidencia la diferencia de carácter de los dos pretendientes de Agatha. Mientras Archie había irrumpido violentamente en su habitación casi obligándola a que se casara con él en una decisión que había tomado de la noche a la mañana, Max, sin embargo, le comunicaba cortésmente su amor y dejaba la decisión respetuosamente en sus manos.

Agatha no podía estar más sorprendida. No había sospechado nada, aunque Max no había dejado de dar muestras de su admiración por ella. La diferencia de edad no era un verdadero problema para ellos, pues el estilo de vida que llevaban ambos era perfectamente compatible. Cuando pensaba que Max había sido compañero de universidad de su sobrino, el hijo de Madge, le parecía un tanto extraño, pero si obviaba ese detalle, no había ninguna diferencia sustancial entre sus vidas. La única cuestión que preocupaba a Max era que la mujer de un arqueólogo debía pasarse la vida viajando por todo el mundo, pasando solo una parte del año en Londres. Max había descrito exactamente la vida con la que Agatha soñaba. Como ella misma confesó en su biografía, al principio trató de disuadirlo simplemente porque tenía miedo de que aquello que más deseaba se hiciera realidad:

> ¡Había sucedido todo de una forma tan inadvertida...! Si la primera vez que me encontré con Max lo hubiera considerado como un posible marido, me habría puesto en guardia. [...] Pero no lo había previsto y allí estábamos, tan felices, viendo cómo resultaba mucho más agradable y natural hablarnos el uno al otro como si ya estuviéramos casados.

En los subsiguientes días de la proposición matrimonial, Max y Agatha intercambiaron diversas cartas llenas de amor y admiración mutua. En una de ellas, Max insistía en su proposición, preguntándole a Agatha si estaba dispuesta a comprometerse con alguien que se dedicaba a «desenterrar a los muertos». «Me encantan los cadáveres», fue la respuesta de Agatha, que valoraba tanto la agudeza de Max como su sentido del humor.

*Agatha encontró en Max Mallowan al compañero de
aventuras perfecto. A ambos los unía su interés por la
arqueología y el mundo oriental. En la imagen superior,
tomada en 1931, la pareja en Ur, Mesopotamia,
donde se habían conocido pocos años antes.*

Por otro lado, su hermana, su cuñado y otras amistades cercanas trataron de disuadirla de que aceptara la proposición de Max. No hubo nadie, sin embargo, que hubiera reprochado a Archie la juventud de Nancy, diez años menor que su exmarido. Ni siquiera había sido un tema de conversación. Afortunadamente, solo había una opinión ajena a ellos que debía importar Agatha: la de su hija Rosalind.

—Me parece que Max es el mejor —le dijo—. Creo que sería maravilloso que te casaras con él. Además, ya sabes que a Peter le encanta.

Por si el beneplácito de Rosalind no fuera suficiente, su hija había añadido el de su cariñoso perro, un can al que Agatha tenía un afecto tan especial que la autora lo había incluido en la dedicatoria de alguno de sus libros.

Un mes más tarde, el 11 de septiembre de 1930, Agatha Christie y Max Mallowan se convirtieron en marido y mujer en la iglesia de Santa Columba, en un apartado pueblecito de Edimburgo. A la ceremonia solo acudieron los novios, Carlo y su hermana Mary, Rosalind y Peter. Agatha lo había decidido así. A pesar de que la prensa seguía persiguiéndola, la autora logró casarse en completa intimidad, rodeada tan solo de los suyos. Aunque el futuro era igual de incierto que el día que celebró sus primeras nupcias, una sola cosa sabía con certeza: aburrirse junto a Max Mallowan iba a ser realmente complicado.

❧

Cuando regresó a Inglaterra en octubre de 1930, Agatha sintió que encaraba el folio en blanco más serena y consciente de sí misma, con energías renovadas para escribir. Además, sabía que ese era el momento idóneo para dar rienda suelta a su creatividad, pues se había despedido de su nuevo marido a mediados de octubre y no se reencontraría con él hasta que terminara su última temporada de excavaciones en Ur, al cabo de cinco meses.

Tras su llegada descubrió que ese mismo año un joven Charles Laughton iba a interpretar el papel de Poirot en una adaptación para el teatro de *El asesinato de Roger Ackroyd*. El director le propuso transformar al detective en un atractivo Poirot que causara admiración a todas las mujeres con las que se cruzara. Agatha, consciente de que había conseguido dibujar un personaje excéntrico e incluso cómico en cierta forma, no estaba dispuesta a modificarlo:

> No me gustó nada su sugerencia de quitarle veinte años a Poirot y que un montón de chicas se enamoraran de él. Por entonces estaba tan apegada a mi detective que advertí que lo tendría conmigo para el resto de mis días. Protesté enérgicamente de que se cambiara su personalidad.

No obstante, pagó un alto precio por su victoria. Si no rejuvenecía Poirot, debía hacerlo Caroline Sheppard, su interés amoroso. Caryl, como finalmente llamaron al nuevo personaje, debía ser joven y atractiva, aunque Poirot no fuera ninguna de las dos cosas. Y de esta manera, la señora Sheppard desapareció de la obra. Agatha adoraba tanto a Caroline que a lo largo de los años la siguió recordando como uno de sus personajes preferidos. Era una mujer anciana y soltera, «un tanto mordaz, curiosa, que todo lo sabe, que todo lo oye: el servicio completo de investigación en el hogar».

La pérdida de Caroline, sin embargo, dio lugar a un inesperado nacimiento. Como si de pequeñas células grises se tratara, Caroline se escindió en otros personajes que conservaban intactos los rasgos de su progenitora, entre los que Miss Marple brillaba con luz propia. De las cenizas de Caroline —como, en cierto modo, había sucedido con las de la propia Agatha— había surgido una nueva mujer que había mejorado con mucho su posición en el mundo y ahora tomaba el rol protagonista.

Miss Marple debutó en *Muerte en la vicaría*, publicada en octubre de 1930. La detective llegó sin hacer ruido y fue quedándose poco a poco en la obra de Agatha. En cierta medida, también estaba basada en su abuela, así como en las ancianas contemporáneas del pueblo de Ealing, ese tipo de mujeres mayores que conocían todo lo que pasaba en su pueblecito y que hacían uso de su larga experiencia e intuición para anticipar los hechos. Eran perspicaces y extremadamente desconfiadas, ambas características excelentes para un buen detective. Otro maravilloso don de la abuela de Agatha que Miss Marple tuvo la suerte de heredar fue su increíble habilidad para ver venir la desgracia con mucha antelación, unas dotes proféticas que la detective aprovechó en muchos casos.

Curiosamente, el mismo año en el que los directores adaptaban al teatro algunos textos de Christie y le reclamaban reducir la edad de sus protagonistas, Agatha decidió crear a esa carismática detective de sesenta y cinco años. Ella misma rondaba ya la cuarentena y, con la seguridad que le otorgaba la experiencia y la fama y que se había labrado durante los últimos años, no estaba dispuesta a que las modas interfirieran en su creatividad.

Aunque la juventud no era un requisito indispensable para formar parte del elenco de una de sus obras, la temática sí que era irremplazable en los libros del sello Christie. Todas las novelas que la escritora había producido durante la Primera Guerra Mundial narraban historias con una resolución que reafirmaba el orden dictado por la moral victoriana: el detective siempre atrapaba al criminal, pues el bien debía prevalecer sobre el mal. Esa era la realidad que Agatha había aprendido y, hacia 1930, era la que quería defender. Aunque percibiera que una parte del público empezaba a reclamar tramas diferentes, ella no quería modificar su estilo en pos de relatos más lóbregos o violentos:

> Nadie habría imaginado entonces que las novelas de crímenes se leerían por el placer de la violencia, por un gusto sádico hacia la violencia en sí misma. Se habría pensado que la sociedad protestaría horrorizada por tales cosas, pero por lo visto la crueldad es ahora el pan nuestro de cada día.

Era el inocente, según su opinión, a quien el público debía prestar más atención, tal y como recordó cuando analizó su evolución como escritora:

> Me asusta la falta de interés por el inocente. […] A nadie le preocupa su dolor, su terror ni su piadosa inconsciencia final. No se considera la agonía de la víctima, solo apena la juventud del asesino.

Para escapar tanto de la dicotomía del bien y del mal como de la presión que podía sentir por escribir otra novela de éxito, ese mismo año también nació Mary Westmacott. Agatha encontró bajo este seudónimo la forma de recuperar el gusto por la escritura, pues podía experimentar y escribir lo que deseaba, sin preocuparse por la impresión que podía causar a su público.

Por fin llegó el mes de marzo de 1931, la temporada de excavaciones en Ur estaba a punto de terminar. Montada de nuevo en el Orient Express, Agatha revisaba algunas de las largas cartas que había intercambiado con su marido durante los cinco meses que habían estado separados. Estaba muy nerviosa, pues, aunque la correspondencia había llegado con mucha frecuencia durante esos meses, solo habían convivido cerca de cuatro semanas como matrimonio. Pero cuando Max fue a recogerla a la estación, todos sus temores desaparecieron: parecía que se hubieran despedido el día anterior.

Impaciente por visitar los lugares y zanjas de los que tanto le había hablado su esposo por carta, Agatha fue directamente a los *tell* sin importar la fuerte tormenta de arena que intentaba impedir su visita. Para Max no era un problema, acostumbrado ya a este tipo de fenómenos atmosféricos. Agatha, arqueóloga en ciernes, decidió que para ella tampoco. Ese fue el bautizo de arena de Agatha como arqueóloga, ya que desde entonces no permitió que nadie ni nada la alejara de un yacimiento. La temporada siguiente, Max se dirigió a Siria para excavar por sus propios medios, pues parecía que en Ur solo había lugar para el equipo de la autoritaria Katharine Woolley.

La arqueología se convirtió en una fuente de goce inagotable para Agatha, ya que la incitaba a preguntarse a sí misma continuamente el porqué de todo objeto que emergía de entre las áridas tierras iraquíes. Era una ciencia que planteaba más preguntas que respuestas, y la autora pertenecía al tipo de personas a las que preguntarse el porqué era su modo de hacer la vida más interesante.

Aunque podía haber estudiado Arqueología en una universidad, mientras la mayoría de los futuros expertos en la disciplina se aprendían de memoria los libros de Woolley y contemplaban las fotografías de sus hallazgos en el aula, ella había visto con sus propios ojos cómo el profesor en persona hacía surgir sobre el terreno edificios milenarios. Muy pronto Agatha pudo diferenciar una vasija echa en un torno de otra modelada mano, e incluso reconocer el origen y la datación de una pieza por su acabado y sus dibujos geométricos. Desempolvando, limpiando y seleccionando las cerámicas, Agatha estaba escribiendo el más ambicioso libro de viajes posible: el de las migraciones del *Homo sapiens*, a la vez que su producción literaria era más prolífica que nunca.

5

LA REINA DEL CRIMEN

La mejor receta para la novela policíaca:
el detective no debe saber nunca más que el lector.

AGATHA CHRISTIE

Agatha se inspiraba en los acontecimientos de su vida para trazar los entresijos de los crímenes de sus novelas. Su prolífica carrera la llevó a batir récords de ventas gracias a su dominio del género y a su ingenioso diseño de los personajes. En la imagen de la página anterior, la escritora firma ejemplares de la edición francesa de uno de sus libros hacia 1965.

Durante la década de 1930, cuando Agatha se calaba su sombrero de ala corta que la protegía del abrasador sol de Oriente Próximo, el día a día de los trabajadores de una expedición arqueológica no era tan romántico como la imagen que libros y películas transmitirían después al mundo. La distinguida dama británica, criada en una gran casa en la que había un cuarto casi especialmente dedicado al planchado y almidonado de la ropa de cama, había tenido que acostumbrarse a dormir en las condiciones más extremas cuando ya reposaban más de cuatro décadas sobre sus hombros. En el desierto no se alzaban hoteles de categoría, y Agatha se consideraba a sí misma afortunada si, en algunas de las poblaciones en las que Max y ella debían pernoctar en sus viajes, encontraban alguna pensión, por destartalada y poco higiénica que esta fuera. Se había resignado a que, cuando se apagara la luz, las ratas salieran de sus agujeros y se subieran encima de las camas, paseándose con sus patitas por todo su cuerpo mientras las chinches habían elegido su cuerpo como circo en el que realizar sus acrobacias. Era engorroso, desde luego, y nada agradable, pero todos los miembros del grupo lo toleraban, y Agatha no era una excepción. Era el precio que debía pagar por el placer de desenterrar la historia con sus propias manos, y lo hacía gustosa. ¡Incluso se compadecía de Max, cuya piel era la favorita de todas las chinches! En los días en los que los roedores eran tantos que correteaban libremente por su cara, impidiéndole dormir, disponía que su lecho fuera llevado al raso, y allí descansaba, en mitad del desierto, sin ningún límite que la contuviera más allá del cielo infinito.

La intensa actividad de Max como arqueólogo había supuesto un cambio radical en la vida de Agatha. Desde que se había casado con él en 1930, su residencia dependía casi en exclusiva de las temporadas de excavación: durante los meses de invierno, Agatha dejaba atrás la fría y oscura Inglaterra y se establecía cerca de los áridos y luminosos yacimientos de Siria e Irak; el resto del año lo disfrutaba en su casa de Bagdad o de Londres. Consciente de que su vida iba a desarrollarse a caballo entre países, culturas y profesiones diferentes, Agatha no tardó en poner de su parte para intentar integrarse de forma más constructiva en las expediciones de Max. Pronto descubrió que uno de los talentos necesarios de un arqueólogo era conocer el dibujo a escala, pues los bocetos se usaban para referir la forma y el tamaño exactos de cada pieza. En los años treinta, además, aún no podían permitirse fotografiar todos los descubrimientos, pues el proceso de revelado era largo y costoso, además de ser hartamente difícil de llevar a cabo en el desierto. El dibujo y la pintura eran una de las disciplinas de su educación como joven de clase alta que menos le gustaban, por lo que mejorar su destreza en ellas suponía un gran esfuerzo. Cuando estudiaba en

París, había ido junto a sus compañeras al mercado de las flores para dibujar. Su percepción del objeto era más emocional que analítica, y su afán por reflejar el color y la impresión de las lilas en lugar de las formas había sido altamente reprendido. Agatha, que, siguiendo los preceptos de Clara, escogía siempre por sí misma cuáles eran las cosas que merecía la pena aprender, había decidido que la pintura no se encontraba entre ellas.

Pero en Oriente Próximo, saber dibujar no era una de aquellas virtudes anteriormente consideradas como un complemento más de la mujer, sino que era otra de las tantas habilidades que debía desarrollar un buen arqueólogo. Para adquirirla, Agatha había recibido clases de dibujo a escala en Inglaterra. Al principio no fue nada sencillo: siempre había sido una apasionada estudiante de álgebra, por lo que los cálculos no representaban ningún problema, pero no tenía ni idea de geometría. Con más de cuarenta años, el concepto de «ángulo recto» le era totalmente ajeno. A Agatha no le quedó otro remedio que aplicar el mismo procedimiento que había empleado en otros aprendizajes de este tipo: empeñarse a conciencia. Aprendió a medir ángulos y a calcular y dibujar los objetos en una escala de dos tercios su tamaño.

En 1933, su recién adquirida habilidad con la regla y el compás resultaría altamente útil. Ese mismo año, en un intento para impulsar su carrera, Max había logrado atraer la atención del Museo Británico y de la Escuela de Arqueología en Irak para que invirtieran en una excavación que quería llevar a cabo en Arpachiyah, un pequeño túmulo cercano a la antigua ciudad asiria de Nínive, a cien kilómetros de Mosul. Aunque el equipo era pequeño y el monte bastante reducido, en pocas semanas hicieron un gran descubrimiento: una alfarería abandonada en un incendio junto a la mayoría de las piezas que se cocían en su interior.

La importancia arqueológica del descubrimiento era enorme, pues la reconstrucción de las piezas de cerámica —fragmentadas, en muchos casos, en más de setenta trozos diferentes— permitió datar en el mismo período un sinfín de piezas: platos bruñidos, vasijas con todo tipo de decoraciones y cenefas. Agatha, al igual que sus compañeros, no dejó de dibujar frenéticamente desde aquel descubrimiento. «Naturalmente, me llevó el doble o el triple de tiempo que a los demás hacer ciertas cosas, pero John [el arquitecto] necesitaba ayuda y pude dársela.»

Al paisaje sonoro de la expedición de los Mallowan, gobernado por los silbidos del viento y los golpeteos de las palas contra la roca, se unía casi diariamente el apasionado tecleo de la máquina de escribir de Agatha, que pese a dedicarse a la arqueología con pasión, no renunciaba a seguir con sus libros y escribía en cualquier parte:

> Todo lo que necesitaba era una mesa estable y una máquina de escribir. […] Para escribir, lo mismo me sirve como mesa un lavabo de esos antiguos con la parte superior de mármol que la mesa del comedor cuando está libre.

Sin embargo, la experiencia jugaba a su favor: había destilado, a fuerza de escribir novelas, la clave en una trama basada en el misterio. A partir de ahí, le resultaba cada vez más natural componer sus libros, como un experto alquimista que, una vez obtenidas las esencias que necesita, debe emplearse en cómo

La siempre intrépida Agatha acompañó a Max en sus numerosas expediciones. Además de colaborar activamente en la investigación, aprovechaba cualquier momento libre para proseguir con su prolífica obra. En la imagen, la pareja en Tell Halaf, Siria, en la década de los treinta.

mezclarlas. Como todo compuesto químico, las novelas de Agatha tenían una base imprescindible: «el detective nunca puede saber más que el lector». La autora podía jugar con su público dejando que uno de sus personajes dijera medias verdades y que el lector lo interpretase a su manera. En muchas de sus novelas, Agatha podría asemejarse a un prestidigitador que pide al espectador escoger una carta al azar, pero logra que esa persona elija precisamente la que él quiere. La sutil manipulación existe, pero no la trampa.

A lo largo de la década de 1930, la autora estrenó diecisiete novelas de misterio y otras dos obras bajo el seudónimo de Mary Westmacott, así como siete recopilaciones de cuentos, la mayoría recogidas anteriormente en colecciones de relatos, además de ocuparse personalmente de las adaptaciones de sus obras de teatro. Por si fuera poco, tuvo tiempo para narrar dos relatos originales en un programa radiofónico de la BBC que congregaba a los más importantes autores del género. Agatha culminó la producción extraordinaria de esa época con la publicación en 1939 de la obra *Y no quedó ninguno* (titulada en un inicio *Diez negritos* y renombrada *a posteriori* por reproducir estereotipos racistas en la elección original). Apenas podía creérselo: su cotización en el mercado se había multiplicado por cien desde que en 1920 recibiera cincuenta libras por los derechos de *El misterioso caso de Styles*.

Con más de cien millones de ejemplares vendidos hasta la fecha, *Y no quedó ninguno* estaba destinada a convertirse en la novela policíaca más vendida de la historia y uno de los diez libros más vendidos de todos los tiempos, por lo que la fidelidad que siempre le demostró su agente literario Edmund Cork estaría bien pagada. Agatha siempre hablaba de él en los más elogiosos términos, y Cork no tardó mucho en formar parte del círculo íntimo de la autora.

Agatha Christie, en cierto modo, se había ido convirtiendo poco a poco en un seudónimo. La autora se veía obligada a utilizar el apellido de su antiguo marido porque se había convertido en sinónimo de misterio, en una fuente de ingresos que le permitía hacer un trabajo que le apasionaba. Pero la fama también ejercía presión sobre las expectativas que se asociaban con ese nombre: sus lectores querían un género y un estilo muy concretos, y eso le impedía arriesgarse e innovar.

Afortunadamente, Mary Westmacott estaba ahí para otorgarle libertad creativa. La obra que firmaba bajo ese seudónimo era la creación literaria más arriesgada, aquella en la que podía verter la persona que era por aquel entonces. Quien escribía bajo su pluma no era ya la joven que no confiaba en publicar una novela, o la mujer que se sentía responsable del abandono de su marido. Cuando escribió sus dos primeros libros como Mary Westmacott, *Un amor sin nombre* en 1930 y *Retrato inacabado* en 1934, era una mujer divorciada, viajera, ayudante en los yacimientos de arqueología y reina del crimen quien sostenía la pluma. Había tanto de sí misma en Mary Westmacott que su amiga de la infancia Nan Watts, que había descubierto a la nueva autora por casualidad, advirtió a Agatha de que la reconocía perfectamente en las palabras de Mary. «Te conozco, Agatha. Sé cómo hablas», Nan sorprendía así a uno de los más grandes genios del misterio.

La voz de Mary Westmacott reflejaba sin duda a la mujer en la que se había convertido la autora en la década de 1930.

De esa Agatha Christie que había escrito *El misterio del caso Styles* en 1920 prácticamente solo quedaba el nombre. Todos los valores y prejuicios victorianos que marcaron su infancia habían explotado uno detrás de otro. Estaba divorciada, su vida íntima había saltado a los periódicos, había dado la vuelta al mundo y viajado sola por Asia y Europa. Además, nacida en un mundo en el que el divorcio y la soltería representaban la ruina económica y a menudo social de una mujer, ella sola se había convertido en el principal sostén económico de su familia. Pese a que las novelas de Westmacott también se centraban en un género concreto, el romance, cuando firmaba como Mary, Agatha se sentía libre del ojo crítico y de las expectativas de sus lectores y se permitía seguir evolucionando como escritora. Con más de cuarenta años no pensaba quedarse quieta bajo el confort que le concedía su reputación literaria.

∽∼

Un nuevo conflicto bélico de proporciones mundiales que se hacía sentir con más fuerza por toda Europa fue a posarse en Torquay en 1939. Si bien la Segunda Guerra Mundial no los cogió tan de sorpresa como la primera, sí que lo hicieron los extremos a los que llegaría. Cuando se empezaron a intuir los horrores del Holocausto, Agatha recordó una experiencia vivida entre 1932 y 1933 en Bagdad. Max y ella habían estado tomando el té en casa del doctor Jordan, un hombre alemán a quien la autora tenía en la más alta estima: «Era un excelente pianista, y un hombre espléndido, gentil y considerado». Durante la merienda, alguien había mencionado a los judíos. Para sorpresa de Agatha, la cara de su anfitrión cambió completamente mientras aseguraba, convencido, que había que exterminar al pueblo judío, pues los consideraba extremadamente peligrosos.

Fue el primer aviso de lo que después sucedería en Alemania. Supongo que la gente que viajara por ese país en aquel momento ya se habría dado cuenta del asunto, pero en 1932 y 1933 la gente normal no tenía ni la menor idea. Aquel día, sentados en la sala del doctor Jordan, mientras él tocaba el piano, vi al primer nazi.

Cuando recordaba esa anécdota, Agatha sentía esa impotencia que compartían la mayoría de sus contemporáneos, la de haber sido engañados y no poder hacer nada al respecto. Como tantos otros millones de personas, había confundido la buena educación con los preceptos morales. No podía concebir que una persona que se desvivía por la comodidad de sus invitados mirase con buenos ojos el exterminio de toda una comunidad.

Desde que vivió su primera guerra mundial bajo el flamante nombre de Agatha Christie, había perdido a muchos de sus allegados, lo que la había reconciliado con el concepto de su propia muerte, pero no con la ansiedad que le producía pensar que podía perder a las dos personas más importantes para ella: Rosalind y Max. Agatha Mallowan sentía que debía cuidar de ellos. Al fin y al cabo, era la única de los tres que había conocido el conflicto en edad adulta, y conocía sus consecuencias. Ahora era impensable para aquellos que la rodeaban que la invitaran a quedarse de brazos cruzados, esperando a que terminara la guerra, como lo había hecho Archie. Por eso, a nadie le extrañó que Agatha se ofreciera como ayudante del dispensario de Torquay, como había hecho veinte años atrás, donde sus conocimientos fueron muy bien recibidos.

Agatha y Max pasaron el primer invierno de la guerra en Inglaterra. Pese a sus intentos, Max no logró ser enrolado en el ejército, ya que además de tener más de treinta y cinco años, su padre había nacido en Austria, aliado de Alemania. Su único consuelo fue unirse a la Home Guard de Brixham, la Guardia del Interior que se había creado como un simple apoyo al Ejército británico. Estaba formada principalmente por guardias retirados o con edades que les impedían ir al frente, y apenas si tocaban a dos rifles por cada ocho hombres.

Pero hubo una ausencia que, pese a no tener el carácter definitivo de la muerte, supuso un duro golpe para Agatha: Carlo, su amiga y secretaria, que había sido su báculo en los peores momentos, se presentó como mano de obra para una fábrica de armamento. Inglaterra necesitaba que la industria, sobre todo la armamentística, siguiera produciendo, pero gran parte de la mano de obra masculina se encontraba en el frente. Las mujeres asumieron entonces todo tipo de trabajos, también aquellos considerados peligrosos para los propios varones. Pese a que la mayoría no tenía experiencia previa, lograron alcanzar excelentes niveles de productividad, que fueron esenciales para que los aliados ganaran la guerra. También había otra razón para contratarlas: el salario que se les ofrecía era mucho menor que el de un hombre, por lo que en tiempos de escasez económica, como durante una guerra, su calidad a bajo coste era especialmente deseada.

A Max, por su parte, le fue asignado un cargo en el Ministerio del Aire en 1941. Poco sabía entonces Max que Agatha era la principal sospechosa de espionaje a gran escala, y que el MI5, el servicio de inteligencia británico, estaba llevando a cabo un proceso de investigación sobre la autora.

Con la ayuda de investigadores polacos, el MI5 había desencriptado el código alemán Enigma, mediante el cual los alemanes transmitían la mayoría de sus mensajes. El equipo de analistas y las máquinas criptográficas que habían utilizado para lograrlo se encontraban en Bletchley Park, y solo el presidente Churchill y los principales analistas implicados sabían que el Enigma había sido descodificado. En este contexto, Agatha Christie publicó *El misterio de Sans Souci*, una novela ambientada en la Segunda Guerra Mundial, protagonizada por espías de ambos bandos, llena de códigos secretos y con un personaje que hizo que los integrantes del MI5 sospecharan de la autora de inmediato: el mayor Bletchley, un exmilitar indio con el mismo nombre que el lugar que tan celosamente había protegido el servicio de inteligencia y que aseguraba conocer un secreto de guerra del Gobierno inglés. ¿Acaso había averiguado Agatha algo sobre Enigma y este era su modo de transmitirlo?

Dilly Knox, uno de los analistas que descencriptaron el código, se ofreció a invitar a Agatha para averiguar sutilmente si el personaje era fruto de una extraña coincidencia. La autora no se sorprendió cuando recibió la invitación de Knox, pues el investigador pertenecía a su círculo íntimo. Durante el encuentro, su amigo le preguntó casualmente por qué le había puesto ese nombre al personaje.

—¿Bletchley? —respondió divertida la reina del crimen—. En el trayecto de Oxford a Londres, el tren se quedó parado en esa zona. Como venganza, decidí poner el nombre de aquel lugar a uno de los personajes más detestables que he creado.

El MI5 respiró tranquilo, pues el secreto considerado como uno de los grandes motivos de la derrota del ejército de Hitler seguía a buen recaudo. La reina del crimen relataba con sumo detalle y extrema meticulosidad los delitos que cometían sus personajes, los síntomas que provocaban sus venenos y las motivaciones de sus asesinos. No es de extrañar que los investigadores con más recursos de Inglaterra sospecharan que su trabajo podía contener algún código secreto. La ficción de Christie, sin embargo, se había confundido con la realidad.

∽∾

El silbido de las bombas y las sirenas de aviso de bombardeo se hizo más frecuente que nunca en 1940. El mes de septiembre de ese mismo año, el ejército de Hitler había iniciado una ofensiva de bombardeos sostenidos a objetivos industriales y civiles ingleses con la que atacaría dieciséis ciudades británicas. Durante la campaña, bautizada por los alemanes como *Blitz*, «relámpago», Londres fue atacada en más de setenta ocasiones en una operación que duró ocho largos meses. Para esquivar los constantes bombardeos, miles de ciudadanos se refugiaban en los túneles del metro y muchos otros partieron de la ciudad. Agatha mantuvo su residencia en Londres, pero tenía la sensación de que una bomba podía acabar con su vida en cualquier momento. Con el tiempo, había asumido ese riesgo mortal con una tranquilidad aparente que relató de este modo en su biografía:

Nos resultaba casi natural esperar la propia muerte o la de las personas queridas, o enterarse de la de un amigo. Las ventanas rotas, las granadas, las minas y, por supuesto, las bombas y los obuses se recibían como algo normal. Después de tres años de guerra eran cosa de todos los días.

Quizá para distanciarse más de esa dura realidad, Agatha ocupaba casi todo el tiempo del que disponía: trabajaba cinco días en el hospital y el resto del tiempo escribía sin descanso. Y al mismo ritmo que Agatha tecleaba en su máquina de escribir, los lectores devoraban las páginas de los nuevos Christie tan pronto como aparecían en las librerías, necesitados más que nunca de una ficción absorbente que los abstrajera de la guerra, aunque fuera solo durante un fugaz instante.

La vida seguía, tenía que seguir a pesar de la guerra se esforzara por cercenarles el futuro. Por eso Agatha no se sorprendió cuando Rosalind le explicó que había previsto casarse de improviso ese año con Hubert Prichard, quien, al igual que Archie, había sido enviado al frente. Agatha no solo felicitó a su hija por la decisión, sino que insistió en asistir a su boda: sabía demasiado bien qué significaba vivir con el temor de perder a su futuro marido en cualquier momento como para oponerse a que pasaran juntos el tiempo que la vida les ofreciera.

En medio de la tensión que suponía seguir con la vida bajo la amenaza de constantes bombardeos, la carrera de Agatha adquiría más y más fuerza en Estados Unidos. Las productoras cinematográficas de Hollywood, ávidas de guiones originales, se disputaban los derechos fílmicos de sus novelas. Agatha veía crecer sus ingresos al mismo ritmo que sus quebraderos de cabeza: la prensa norteamericana era más sensacionalista que la inglesa, y sus editores estadounidenses trataban de vender a la reina del crimen como una mujer misteriosa, con un pasado brumoso y dos matrimonios en su haber. Para Agatha, esto fue un duro golpe, pues aunque fuerte y sociable, seguía siendo muy celosa de su intimidad. Les contó todo cuanto quisieron saber sobre la guerra, pero no quiso hablar de su exmarido. Archie ya no formaba parte de su vida, y no pensaba ligar su nombre a ella más allá de la portada de sus novelas.

En 1942, Max fue destinado a El Cairo, como uno de los dos oficiales del director de aquella ciudad, donde rápidamente fue ascendido a jefe de escuadrón, en parte gracias a sus conocimientos de árabe. Con Max a miles de kilómetros, Agatha retomó su puesto en el dispensario de Torquay y encontró refugio en la literatura, consumiendo libros con la misma voracidad con la que los escribía. Volvió a leer a Shakespeare después de que la vida hubiera pasado por ella y destruido las ideas de amor y pareja que le inculcaron en su niñez, y Agatha, que entonces contaba cincuenta y dos años, encontró las obras totalmente diferentes a como las recordaba. En sus cartas a Max, a menudo hablaba de las principales heroínas del dramaturgo. Con la perspectiva del tiempo y su experiencia como mujer, Agatha analizaba los personajes femeninos de Shakespeare y se sorprendía al comprobar que podían ser incomprendidos y simplificados desde el punto de vista masculino, cosa que sucedía incluso a los escritores de mayor talento: «Desdémona no era una boba. Era inusual, atrevida, tenía un carácter fuerte», le relataba en una de sus cartas.

Mientras se dejaba llevar por los escenarios que describía Shakespeare, Agatha veía con más claridad una idea que Edmund Cork le había sugerido hacía tiempo: adaptar al teatro su propia obra. Aunque en 1930 ya se había atrevido a llevar a los escenarios *Café solo*, su primera obra de teatro, adaptarse a sí misma era un nuevo reto que la invitaba a encajar las piezas de una de sus intrincadas tramas en un tablero diferente. El proceso, además, era complejo, por eso prefería ser ella misma la encargada de hacerlo. La obra escogida fue *Y no quedó ninguno*. Cork no estaba de acuerdo con esta idea. Una trama de Poirot con la firma de Agatha Christie era su opción más segura. No obstante, Agatha llevaba tiempo albergando sentimientos encontrados hacia el detective belga, al que encontraba bastante insufrible. Consideraba que «como la mayoría de los hombres públicos, había vivido demasiado, pero, como todos los hombres públicos, no quería retirarse». Agatha tampoco quería que lo hiciera, mientras siguiese siendo su principal fuente de ingresos. Pero con las novelas era suficiente. Adaptó *Y no quedó ninguno*, entre otras cosas, porque según muchos era imposible, dada su estructura narrativa, que pudiera llevarla a la escena. Sin embargo, lo logró con éxito, y en octubre 1943 se estrenó en Londres la versión teatral de la famosa obra, de la que estaba especialmente orgullosa por la complejidad que conllevaba esa empresa:

De repente se me ocurrió que si no me gustaba la forma en que otras personas adaptaban mis novelas, podía hacerlo yo misma. [...]. La obra gustó y tuvo buena crítica, aunque quien se quedó realmente encantada fui yo misma, pues sabía mejor que ningún crítico lo que me había costado escribirla.

En tiempos de guerra, con Max en Oriente Próximo, el teatro se convirtió en el centro de su vida. Siempre había sido una gran pasión, y de su estancia en París, sus más cristalinos recuerdos eran de los actores de la Comédie Française que acudían a su internado. Entonces era solo una alumna con un nudo en la garganta cuando estaba delante de los intérpretes más grandes de su tiempo, pero ahora era ella quien escribía las palabras que salían de su boca.

Mientras Inglaterra se desmoronaba, nada rimaba mejor con el deseo de vivir el presente como una obra de teatro: renacer cada día, y existir de nuevo, siempre diverso y siempre el mismo. En Oriente Próximo, antes de que las bombas volvieran a amenazar su vida, Agatha había conocido otra forma de enfrentarse a la muerte que difería de la occidental. Había aprendido a no temerla, pues los goces de la vida por sí mismos alejan el desasosiego que puede provocar el fin de la misma. Así lo relató en *Ven y dime cómo vives*, un libro que terminó de escribir en 1944 y en el que describió su día a día en las excavaciones de Siria e Irak en las que había acompañado a Max:

> Amo ese generoso y fértil país y a sus gentes sencillas, que saben reír y gozar de la vida, que son ociosas y alegres, que tienen dignidad, educación y un gran sentido del humor, y para quienes la muerte no es terrible.

La vitalidad y la fugacidad del momento que destilaban los actores en el escenario eran los perfumes por los que Agatha se sentía atraída, pues durante toda su vida solo había querido disfrutar del instante. Si al minuto siguiente podía estar muerta, debía asegurarse de que el precedente se había sentido plenamente viva. Acompañada de aquellos actores que necesitaban vivir mil vidas en una, Agatha se sentía entre los suyos, y, mientras las bombas caían sobre Londres y la despertaban en mitad de la noche, jamás pensó en abandonar la ciudad. El mayor terror de Agatha era el de perder a aquellos a los que amaba, pero en lo que a sí misma se refería, su pasión por la vida superaba con creces su miedo a la muerte.

⌒⌒

Sentada en el salón de su hogar londinense, Agatha se dejaba llevar por el sonido de la pluma rasgando el papel mientras la tinta empapaba el folio que acogía las largas cartas dirigidas a su marido. Desde 1942, la correspondencia con Max era frecuente, pues le permitía no solo ordenar sus ideas, sino rememorar todos esos cálidos momentos que ambos habían compartido y que, con kilómetros de por medio, tanto añoraba. Pero en mayo de 1943, la autora sujetaba la pluma para transmitir una noticia distinta que la colmaba de alegría mucho antes de verla escrita sobre el papel: ¡Rosalind iba a tener un hijo! Agatha llenaba el folio de símbolos de exclamación, pues compartía la dicha y la ansiedad de la espera que aguardaba a su hija. Tras seguir muy de cerca el embarazo de Rosalind durante los cuatro meses de gestación que le quedaban, el 21 de septiembre Agatha acunó por primera vez a Matthew, su único nieto. Observar cómo su hija creaba su propio núcleo familiar hizo que Agatha deseara aún más estar cerca de aquel a quien amaba, especialmente cuando la espera entre carta y carta se alargaba cada vez más.

En diversas ocasiones, la autora había intentado encontrar el modo de viajar para acercarse a Max, pero no había encontrado una forma segura de hacerlo, por lo que finalmente decidió permanecer en Inglaterra.

Para liberar la ansiedad que le producía la idea de que quizá no volvieran a verse, Agatha recurrió de nuevo a Mary Westmacott. Esta socia de la autora, cuya verdadera identidad solo conocían el propio Max y su amiga Nan Watts, surgió como un virulento brote de una enfermedad que había estado latente durante diez años, invadiéndola como una fiebre que no remitiría hasta que su pluma plasmara en el papel hasta la última coma que tenía en la cabeza. En 1944 escribió *Lejos de ti esta primavera* tan solo en tres días. Así describió una de las novelas que más la enorgullecieron de toda su carrera:

> Poco tiempo después escribí el único libro que me ha satisfecho por completo. [...] Era el retrato de una mujer; una imagen completa de lo que ella era, y sobre la que tenía un concepto muy erróneo. Esto se le revela al lector a través de sus actos, sentimientos y pensamientos. Intenta constantemente encontrarse a sí misma sin llegar a conocerse y cada vez se siente más a disgusto.

Una vez puesto el punto final, releyó orgullosa su trabajo, no cambió «ni una palabra» y durmió veinticuatro horas seguidas. Pero ni aquel esfuerzo sobrehumano logró disuadirla de seguir escribiendo a un ritmo frenético. Ya fuera para evadirse de la guerra o de su miedo a perder a Max o por el simple placer de ver por escrito ideas que habían madurado en su mente durante décadas, Agatha raramente se alejaba de su máquina de escribir. Durante la guerra publicó un total de once novelas, además de un incontable número de historias cortas. A través de ellas Agatha describió los lejanos lugares que había conocido y demostró cómo su erudición en historia antigua iba aumentando. Para *La venganza de Nofret*, publicado en 1944, se basó en unos papiros que fueron encontrados en los años veinte en el templo de Luxor, donde encontró pistas de la vida cotidiana no solo de los faraones, sino de personas de una posición menos elevada.

La correspondencia de Agatha, sin embargo, no resultó tan extensa ese mismo año, pues apenas podía relatar a Max su día a día a causa del dolor. En otoño de ese mismo año, Hubert Prichard, el esposo de Rosalind, era declarado muerto en combate tras un largo período en el que se lo había considerado desaparecido, dejando a Rosalind viuda con veinticinco años y un niño de un año al que él apenas había conocido. La situación de su nieto Matthew se parecía demasiado a la suya, cuando, siendo una niña, Clara y ella perdieron la estabilidad económica que el padre de familia representaba. Recordó cómo la continua ansiedad por el dinero había ocupado gran parte de su infancia, y sentía la necesidad de asegurarse de que Rosalind y Matthew jamás tuvieran que sufrir ese tipo de penalidades. Tras hablar con varios abogados, escribió dos libros que no fueron publicados y que guardó en una caja fuerte a prueba de bombas. En su testamento, decidió legar uno de ellos a Rosalind y otro a Max, asegurándoles una fuente de ingresos si ella faltaba.

Una fría noche de febrero de 1945, mientras calentaba unos arenques en la cocina preguntándose si las noticias sobre el inminente fin de la guerra eran ciertas, Agatha oyó una extraña colección de ruidos metálicos que provenían de las escaleras que interrumpió sus pensamientos. Al asomarse para comprobar el origen de esa extraña sinfonía, vio a un soldado cargado con un variopinto equipamiento que se esforzaba por subir los peldaños. Cuando reconoció en él a su marido, salió corriendo a abrazarlo. Uno frente al otro, se dieron cuenta de cuánto les había cambiado la guerra.

—¡Pero si has engordado unos trece kilos! —espetó Agatha.

—Sí, más o menos. La verdad es que tú tampoco has adelgazado ni un solo gramo —respondió Max.

Las patatas comprendían gran parte de la dieta en los períodos de escasez de alimentos, por lo económico de su producción y su larga conservación, así como por su valor nutritivo, por lo que, en contra de lo esperado, Agatha había subido de peso durante la guerra. Max también le contaría más tarde que apenas tenían actividad en el desierto, y su dieta se componía de alimentos grasos y cerveza.

Aquella noche, mientras compartían felices un plato de arenques requemados, uno de los miedos que más veces habían aparecido en las cartas de Agatha se desvaneció por completo: el de que se hubieran idealizado el uno al otro, o que sus formas de ser y maneras de ver la vida hubieran continuado paralelas pero no convergentes.

◦⌒◦

Empujada siempre por su vitalidad innata, Agatha siguió mirando hacia delante cuando el mundo entero se recuperaba de la que había sido la guerra más mortífera de la historia de la humanidad. Con Max a su lado, su propia casa y el conflicto bélico solventado, rechazó contra su costumbre un viaje a Estados Unidos. Quería estar tranquila, junto a los suyos, disminuyendo un poco el ritmo de trabajo y disfrutando de cada momento.

Tenía cincuenta y cinco años. Había publicado un sinfín de libros, poemas y obras de teatro, sobrevivido a dos guerras mundiales y se había casado dos veces. Podía permitirse el lujo de la pereza. Su exmarido no se equivocaba cuando la describía como «un sujeto perezoso, pero capaz de hacer grandes esfuerzos en caso de necesidad». Solo que siempre era requerida para algo. Agatha pensaba rendirse libremente a su mayor talento, que, en contra de lo que pensaran sus millones de lectores, no era la escritura, sino saber gozar de la vida: la compañía de su círculo íntimo, los largos paseos, la lectura, los descubrimientos arqueológicos junto a Max y los placeres de la mesa eran las cosas que emocionaban a Agatha, y que los lectores encuentran a raudales en todos y cada uno de sus libros.

Sería la reina Mary, madre del Rey Jorge VI, ferviente admiradora de las novelas de Agatha, quien provocase que la autora saliera de su parcial retiro. La BBC planeaba una serie de relatos de misterio leídos por los propios autores y, según le contó confidencialmente Cork a Agatha, la propia reina había elegido a los participantes. Debía ser una historia de treinta minutos, escrita y narrada por ella para la radio. Agatha donó las ganancias de aquel trabajo, titulado *Tres ratones ciegos*, a una asociación infantil, y Cork renunció a su comisión a favor de la misma asociación.

Agatha no era la única que se sentía con una fuerza renovada para seguir con su carrera, sino que Max, libre al fin del ejército, retomaba su vieja pala y su rasqueta dispuesto a seguir descubriendo olvidadas civilizaciones milenarias. Tan solo dos años después de que finalizara la guerra, en 1947, a Max le concedieron la cátedra de Arqueología del Asia Occidental en la Universidad de Londres, y a través de su nuevo empleo logró alcanzar un sueño que había confesado a Agatha más de diez años atrás: excavar en Nimrud, la ciudad bíblica de Cala. Estaba convencido de que la antigua capital Asiria, localizada a treinta kilómetros de Mosul, yacía oculta bajo sus pies, pues la única excavación se había realizado hacía ya más de cien años. Agatha jamás había visto a su marido tan convencido de la dirección que estaba tomando su carrera.

—Es una oportunidad histórica, Agatha —le confesó—. Desenterrar Nimrud será como encontrar la tumba de Tutankamón. ¡Por esto sí que podemos pedir dinero!

Tal y como había previsto Max, las ayudas tardaron poco tiempo en llegar. El Museo Metropolitano de Nueva York, la Escuela Británica de Arqueología de Irak y otros muchos patrocinadores contribuyeron enseguida y el matrimonio estableció finalmente un campamento en Nimrud en 1949, un refugio que se convirtió en una de sus residencias durante más de diez años y que compartieron con un pequeño equipo que se convirtió en una extensión de su propia familia.

Los progresos en el yacimiento fueron mucho más espectaculares de lo previsto: además de mil piezas catalogadas y otros cinco mil fragmentos de más de tres mil años de antigüedad, salieron a la luz palacios milenarios, algunos con más de doscientas estancias; murallas, torres y canales defensivos; piezas de marfil exquisitamente tallado y decorado con pan de oro; el trono del rey Salmanasar III, que gobernó Asiria entre 858 y 824 a.C.; preciosos murales que combinaban pinturas de cinco colores; y una inscripción datada en 879 a.C., que maravilló especialmente a Agatha por su descripción culinaria, pues en ella se detallaba el suntuoso banquete que se había servido durante diez días a los más de siete mil asistentes que celebraron la finalización de la construcción de esa legendaria ciudad. El tesoro que se descubría en la excavación de los Mallowan se alargaba tanto temporada tras temporada que parecía no tener fin.

Durante los meses de invierno y primavera, Agatha dedicaba gran parte de su inagotable energía a los trabajos de ayudante en el yacimiento de Nimrud. Además de fotografiar y revelar en el cuarto oscuro los hallazgos que surgían entre la tierra seca, Agatha también catalogaba piezas, reconstruía pequeñas vasijas de cerámica y limpiaba esculturas de marfil. Si bien los métodos propios que llegó a desarrollar eran menos ortodoxos, a veces resultaban incluso más efectivos:

Como cualquier profesional, tenía mis herramientas favoritas: un palo de naranjo o una aguja de punta muy fina —una temporada utilicé un instrumento que me prestó, mejor dicho, me regaló un dentista— y un tarro de crema facial que, en mi opinión, es lo que resulta más útil para quitar suavemente la tierra y el polvo de las grietas sin dañar las frágiles figuras de marfil. La verdad es que me entusiasmé tanto utilizándola que al cabo de dos semanas no quedaba ni una pizca para mi pobre cara.

Agatha, sin embargo, se considerara «una completa aficionada», pues no solo la rodeaban figuras de relevancia internacional, sino que también contemplaba cómo las técnicas de trabajo avanzaban a un ritmo vertiginoso desde que había conocido a Max en Ur. ¡Cómo le habría gustado estudiar en la universidad! De ese modo, pensaba, habría podido contribuir mucho más en los aspectos más técnicos de las excavaciones. Cuando su marido oía la humilde opinión que Agatha tenía sobre su trabajo en el yacimiento, no podía evitar reírse ante sus ocurrencias.

—¡Pero si eres una de las mujeres que más sabe de cerámica prehistórica en toda Inglaterra! —le soltó en una ocasión.

Pese a las incomodidades del campamento —todas las estancias estaban hechas de adobe y todos los miembros del equipo, incluida Agatha, dormían en tiendas—, el refugio de Irak se había convertido en un hogar, y quizá por eso Agatha decidió empezar precisamente ahí, en Nimrud, a escribir su autobiografía en 1950, cuando cumplía sesenta años. Fue un trabajo que fraguó a fuego lento, por mero placer y al que dedicó quince años de su vida. Para hacerlo dispuso de una estancia propia de tres metros cuadrados con el suelo enyesado, recubierto de juncos y coloridas alfombras que resultaba fácilmente reconocible por un cartel que el epigrafista del equipo había colgado en la puerta y que anunciaba con letras cuneiformes *Beit Agatha* «Casa de Agatha».

En su humilde despacho de Nimrud, mientras escribía algunas de las obras más importantes de su carrera, el ruido de los obreros y del glugluteo de los pavos del exterior interrumpían su trabajo para recordarle cuán afortunada había

Agatha encontró en Max al compañero de vida ideal. Junto a él regresó a su amado Oriente (arriba, ambos repasan el catálogo de hallazgos arqueológicos en 1946) y disfrutó de largos paseos por los alrededores de su casa en Devon (abajo, frente a la puerta principal en el mismo año).

sido, pues la vida le había brindado la oportunidad de dedicarse de lleno no solo a una sino a dos de sus más grandes pasiones. Ni las ratas, ni las tiendas, ni siquiera el abrasador calor de Oriente Próximo le iban a impedir que jugara todas y cada una de sus cartas hasta que llegara el final de la partida.

～．～

Con sesenta y dos años, establecida como autora, con una fama mundial y con productores cinematográficos y radiofónicos peleándose por sus obras, nadie dudaba de que la carrera de Agatha había alcanzado la cima. Pero ella, que nunca dejó de darle a su vida un giro más sorprendente que el de muchas de sus novelas, demostró de nuevo al mundo que siempre era capaz de superar las expectativas que habían puesto en ella: el mayor triunfo de la archiconocida escritora de novelas policíacas fue una obra de teatro. En 1952 se estrenó la versión teatral que la propia autora había realizado de *Tres ratones ciegos* en el Teatro Real de Nottingham. Nadie podía imaginarlo entonces, pero la trayectoria de *La ratonera* —como se tituló la adaptación—, cambiaría para siempre la historia del teatro: no solo fue su mayor éxito, sino el de cualquier otro autor teatral hasta la actualidad, consagrándola definitivamente en el arte que, desde su más tierna infancia, tantos goces le había proporcionado. A día de hoy, la obra sigue tan viva como el día del estreno, con un frenético ritmo de una representación diaria.

Como venía siendo costumbre, sin embargo, Agatha no vio los beneficios de esta obra, ni de muchas otras. Dado que le parecía condescendiente entregarle dinero a sus seres queridos, decidió regalarles, literalmente, sus obras, es decir, los derechos de las mismas.

> El hecho de sentarse a escribir algo y que luego pase directamente de tus manos a las de otra persona es mucho más natural y produce mayor alegría que regalar cheques o cosas por el estilo. [...] A Rosalind le cedí mi parte de los derechos por la película *Testigo de cargo*. *La ratonera* pertenece a mi nieto Mathew, que, por supuesto, ha sido el miembro más afortunado de la familia; es un regalo que lo convertirá en el más rico de mis beneficiarios.

Su éxito teatral fue un consuelo para ella cuando se vio obligada a dejar Nimrud para siempre en 1960. Dos años antes, había estallado una revolución en Irak que había culminado con la muerte del rey Faisal. Aunque el conflicto no había afectado al ritmo de las excavaciones, era evidente que no podrían continuar allí demasiado tiempo. El lugar, además, había atraído a visitantes, estudiantes y excursiones escolares que habían convertido el bello montículo en una atracción turística que desvelaba tesoros milenarios de la historia. Con setenta años, Agatha dejaba Oriente Próximo agradecida, pues le había dado toda la paz y serenidad que buscaba cuando lo pisó por primera vez.

∾⌒∾

Una noticia sumergió a Agatha de inmediato en las vivencias de sus años de juventud en 1962: Archibald Christie, su primer gran amor, había fallecido. Aquel doloroso divorcio, recordaba, le había hecho pensar que había fracasado en la vida. Pero con setenta y dos años comprendía que ese giro inesperado en realidad había reconducido el rumbo de su vida hacia un futuro más pleno. Cuando Agatha concluyó su biografía, trató de comprender a Archie y disculpó la visión idealizada que ambos tenían del amor. Sabía que junto a él habría alcanzado igualmente el éxito literario, pero jamás habría tenido una existencia más emocionante que sus propios libros. *Muerte en el Nilo* o *Asesinato en el Orient Express*, dos de sus obras más célebres influenciadas por sus experiencias en Siria e Irak, jamás habrían visto la luz.

Por encima de todo, su pasión latente por la arqueología y el mundo más allá de los márgenes de la sociedad británica siempre le habrían estado vedados. Agatha era consciente de que el éxito y la calidad literaria de su trabajo habían aumentado después de su viaje a Bagdad, cuando había tomado las riendas de su propia vida para coger de ella lo que la apasionaba en lugar de lo que le estaba reservado. Había logrado transformar el sufrimiento de un divorcio en la independencia que siempre había soñado. La misma que saboreó por primera vez junto a Clara en Egipto, la que conquistó con su primer coche y que culminó en un amanecer en el desierto camino de Ur, después de atravesar Europa y Asia en el Orient Express sin más compañía que su máquina de escribir. Uno tras otro, había cumplido de una manera u otra los proyectos que se había propuesto desde su infancia, y lo había hecho con creces: se había propuesto escribir una novela, conocer el mundo y no sufrir por problemas económicos. Nada había salido en el modo en el que lo había planeado, quizá porque ningún adulto se atreve a soñar con convertirse en el autor más traducido de todos los tiempos, muy por delante de sus admirados William Shakespeare y Julio Verne, y vender alrededor de cuatrocientos millones de copias de sus libros mientras pasa medio año dedicado a excavaciones arqueológicas en Siria y en Irak.

Sin embargo, aún quedaba un último deseo atávico en Agatha. De pequeña, influenciada por los cuentos con protagonistas aristocráticos, siempre había deseado convertirse en lady Agatha. Su niñera le había dicho que era un sueño casi inalcanzable y que solo lo conseguiría por matrimonio. Agatha entonces arrugó la nariz, no del todo satisfecha. Hubo de esperar a cumplir ochenta años para conseguirlo, pero finalmente, el título de dama le perteneció por derecho propio en 1971, cuando la reina Isabel II se lo concedió en persona.

～

La pluma de Agatha Christie continuó escribiendo un libro al año hasta 1974, cuando la autora cumplía ochenta y cuatro años de edad. Pese a que tanto editores como allegados celebraban sus ganas de continuar con la profesión, Rosalind tomó cartas en el asunto y escribió a Cork para que no le pidiera más libros a su madre. Sus actos estaban más que justificados, pues en octubre de aquel año la autora había sufrido un ataque al corazón. A partir de ese año, Agatha no volcó sobre el papel ninguna más de sus elaboradas historias policíacas.

En su casa de Winterbrook, con serias dificultades para desplazarse, se dedicó a uno de los placeres que le quedaban y al que siempre había sido proclive: recordar. Gran parte de la vida de Agatha se compone de recuerdos y reflexiones, que en gran medida la autora plasmó en tres libros biográficos. Pero la autora sabía dónde podía encontrarse a sí misma en diversas épocas, dónde estaban secretamente guardadas las reflexiones, temores y satisfacciones de las distintas mujeres que había sido a lo largo de su vida: en los relatos publicados como Mary Westmacott. Allí se plasma el dolor de una mujer por la muerte de su madre, el de una escritora ante una infidelidad, el de una mujer que, sola en una habitación en Bagdad, se ve enfrentada a desenmascararse a sí misma. Otra Agatha, desconocida para el gran público: la mujer que Agatha creó mientras se hacía a sí misma, y cuya voz la acompañaría durante los últimos días de su vida.

No obstante, Agatha publicó su Christie anual en 1975: *Telón*. Había llegado el momento de sacar a la luz el libro que había escrito cuatro décadas antes, durante la Segunda Guerra Mundial, y que había guardado bajo llave para su hija. Si no había sido publicado antes era por una razón muy sencilla: Agatha culminaba el paulatino desagrado que le había ido inspirando Poirot matando por fin a su propia criatura. El acontecimiento conmocionó tanto a los lectores que el *New York Times* le dedicó un obituario al personaje el 6 de agosto de 1975.

Mientras tanto, el cuerpo y la mente de Agatha dejaban de obedecerla cada vez más a menudo, y comenzó a necesitar más ayuda. Max hizo instalar su cama en la planta baja y dispuso un catre a su lado, para no separarse de su esposa. Contrató a una enfermera para que la asistiera, pero Agatha no quería confiarse a un extraño, y Max, que había considerado un privilegio cuidar de ella desde que se torció el tobillo en Ur, no se apartó de su lado ni un instante. Estaba junto a ella apenas comenzado el año de 1976, el 12 de enero, cuando Agatha lo miró con ternura y murmuró: «Voy a ver a mi hacedor». Poco después, con total serenidad, exhalaba su último suspiro junto al compañero de sus últimos treinta y cinco años.

Ella misma decidió las palabras de su tumba. Las tomó prestadas de un poema de Edmund Spenser que adoraba desde pequeña, *La reina de las hadas*: «Dormir después del trabajo, puerto tras mares tormentosos, facilidad después de la guerra, muerte después de la vida. Lo agradeceré enormemente».

Había vivido con pasión e intensidad, con la dignidad y el sentido del humor que tanto admiraba, y abrazaba la muerte con la tranquilidad de quien ha dibujado los caminos de su propia existencia, y al llegar al final, no se arrepiente de nada. La de Agatha fue una fuerza vital y creadora cuyo resultado, para aquellos que la conocían, no se limitaba a la literatura. Es difícil hallar una casa sin un volumen de la reina del crimen y, pese a esta prolífera carrera, cuando la gente se encontraba con Agatha, la historia que siempre pedían que les contara era otra: la de su propia vida.

CRONOLOGÍA

1890   Nace el 15 de septiembre en Torquay, Inglaterra.
1901   Muere su padre, Frederick Miller.
1906   Se traslada a París para completar su formación.
1907   Viaja a Egipto junto a su madre, Clara Miller, para celebrar su presentación en sociedad.
1914   Se ofrece como enfermera en el hospital de Torquay tras estallar la Primera Guerra Mundial. Se casa con Archibald Christie.
1915   Entra a trabajar en una farmacia como auxiliar.
1919   Da a luz a Rosalind, su única hija, el 5 de agosto.
1920   Publica *El misterioso caso de Styles*, cuatro años después de su redacción, a través de la editorial The Bodley Head.
1922   Viaja alrededor del mundo como parte de la Misión de la Exposición del Imperio Británico.
1926   Publica *El asesinato de Roger Ackroyd*. Muere su madre y Archibald solicita el divorcio. Desaparece el 3 de diciembre.
1928   Agatha se divorcia oficialmente, recorre Europa y Asia en el Orient Express y visita la excavación del arqueólogo Leonard Woolley en Ur, Irak.
1930   Regresa a Ur y conoce a Max Mallowan, con quien se casa en septiembre. Publica su primer libro bajo el seudónimo de Mary Wesmacott, *Un amor sin nombre*.

1931 Durante ocho años, recorre diversas excavaciones arqueológicas de Siria e Irak junto a Max, limpiando y catalogando grandes descubrimientos.

1939 Publica *Y no quedó ninguno*, que rápidamente se convierte en un éxito de ventas.

1943 Nace su único nieto, Matthew Prichard.

1947 La BBC emite radiofónicamente el relato de Agatha leído por ella misma, *Tres ratones ciegos*.

1949 Agatha se establece por primera vez cerca de las excavaciones de Nimrud, en Irak.

1952 Se estrena *La ratonera* en el teatro, adaptación de *Tres ratones ciegos*.

1971 Agatha Christie es nombrada dama del Imperio británico.

1975 Se publica *Telón*, la obra en la que Agatha mata a su detective Hércules Poirot.

1976 El 12 de enero muere Agatha Christie en su casa de Winterbrook en Wallingford, Inglaterra.

2012 *La ratonera* cumple sesenta años ininterrumpidos en cartel desde el día de su estreno y alcanza las veinticinco mil representaciones.